beck**'**sche
reihe

b**sr**

Wann sitzt ein Anzug gut? Welche Schnitte passen zu mir? Was bekomme ich für wie viel Geld? Und wo kann ich was tragen, um einen guten Eindruck zu machen? Solche Fragen bringen auch Männer mit Geschmack leicht in Verlegenheit. Dieses Buch ist eine unentbehrliche Hilfe in allen Situationen. Von der Freizeitkleidung bis zur formellen Abendgarderobe stellt es die wichtigsten Kleidungsstücke vor, die in keinem männlichen Kleiderschrank fehlen dürfen. Es erzählt Wissenswertes und Amüsantes aus der Geschichte der Herrenmode und erklärt, worauf man – unabhängig von allen kurzlebigen Trends – beim Kauf und beim Tragen seiner schönsten Stücke unbedingt achten muss.

Florian S. Küblbeck ist freier Journalist und schreibt vor allem über Mode, Stil und Genuss. Daneben ist er als Stilberater tätig und gibt Seminare zur klassischen Herrenmode und zu Fragen des Dresscodes. Weitere Informationen finden Sie auf www.wasmanntraegt.de und www.floriankueblbeck.de.

Florian S. Küblbeck

Was Mann trägt

Gut angezogen in zwölf Schritten

Mit Illustrationen von
Theresa Hardege

C.H.Beck

Für Johanna

Originalausgabe

© Verlag C.H.Beck oHG, München 2013
Gesetzt aus der Janson MT regular
Druck und Bindung: Druckerei C.H.Beck, Nördlingen
Umschlaggestaltung: Geviert, Grafik & Typografie, Christian Otto
Umschlagillustration: Theresa Hardege
Printed in Germany
ISBN 978 3 406 65415 2

www.beck.de

Inhalt

Vorwort

Gut angezogen – das möchten wohl die meisten Männer sein, selbst wenn sie sich weder als Gentleman noch als übermäßig modebewusst bezeichnen würden. Doch was heißt das eigentlich, «gut angezogen»? Eins ist klar: Auch heute bedarf es dazu einiger ganz bestimmter Kleidungsstücke, die zusammen so etwas wie einen Kanon des guten Geschmacks im klassischen Sinne bilden. Außerdem verfügen gut gekleidete Männer stets über ein unerschütterliches Gespür für die elegante Kombination ihrer Kleidung und die Anlässe, zu denen sie passt. Dieses Gespür ist jedoch nicht, wie so oft behauptet wird, angeboren oder eine rein intuitive Angelegenheit, sondern schlicht Ergebnis von Kenntnissen. Wer sich mit Kleidung auskennt, ist bereits auf dem besten Weg dazu, sich gut anzuziehen.

Im Mittelpunkt der zwölf folgenden Kapitel steht jeweils ein unverzichtbares Stück der klassischen Herrenmode. Das Buch erzählt, wie diese Kleidungsstücke entstanden, und erklärt, worauf Sie beim Einkauf wie beim Tragen achten sollten, damit Sie auf Ihre Umgebung einen positiven Eindruck machen und sich dabei in Ihrer eigenen Haut wohl fühlen. Behandelt werden jeweils Schnitte und Passform, charakteristische Details und Materialien, Qualitätsunterschiede und Kombinationsmöglichkeiten. Den Anfang macht der dunkelblaue Anzug, das Ende der Smoking – dazwischen liegt aber neben Krawatte und Trenchcoat zum Beispiel auch die elegante Freizeitkleidung mit Jeans und Pullover.

Doch warum nur zwölf Kleidungsstücke? Mit diesen zwölf Klassikern im Schrank können Sie eigentlich in kaum einer Situation in Verlegenheit geraten, denn sie lassen sich stets so kombinieren, dass das Resultat der jeweiligen Situation angemessen ist. Außerdem: Wenn Sie erst einmal verstanden haben, wie man einen dunkelblauen Anzug aussucht und wie man ihn geschickt kombiniert, wird Ihnen der helle Sommeranzug aus Leinen auch keine großen Probleme mehr bereiten. Vieles, was im Folgenden erklärt wird, lässt sich nämlich leicht auf verwandte Kleidungsstücke übertragen. Und natürlich wird Ihnen beispielsweise im Kapitel zum dunkelbraunen Halbschuh nebenbei auch die ganze Vielfalt heutiger Herrenschuhe vorgestellt. Schließlich gibt jedes Kapitel am Ende noch einen Ausblick auf weitere Kleidungsstücke, die Sie sich vielleicht nach dem gerade *en détail* beschriebenen kaufen möchten.

Dass gute Kleidung nicht zwangsläufig teuer ist (und teure Kleidung nicht notwendigerweise gut), auch das soll auf den folgenden Seiten deutlich werden. Mann kann sich bereits für verhältnismäßig wenig Geld verhältnismäßig gut anziehen – wenn er nur weiß, wie er dazu am besten vorgeht. Wer begriffen hat, worauf man beim Kauf wirklich achten sollte und an welchen Stellen man gut und gerne sparen kann, hat bereits viel gewonnen.

Dieses Buch ist weder ein Moderatgeber noch ein Style Guide. Moden wechseln mit jeder Saison, und Stil ist ohnehin zu einer guten Portion etwas Individuelles. Was bleibt – oder was sich zumindest nur im Laufe von Jahrzehnten verändert –, sind bestimmte Grundregeln, an denen keine Mode und kein persönlicher Stil so recht vorbeikommen. Welche Schnitte einem zu einer eleganten Erscheinung verhelfen, welche Materialien angenehm zu tragen sind, welche Kombinationen einem eine bestimmte Lässigkeit verleihen, lässt sich nicht alle sechs Monate neu erfinden. In dieser Hinsicht ist die Kleidung nicht anders als das Essen: Wer gut kochen kann, kennt die Qualitäten der verschiedenen Zutaten und weiß, mit welchen Techniken er sie zubereiten und wann er bestimmte Gerichte servieren kann. Auf dieser Grundlage ist dann alles möglich – vom köstlichen Alltagsessen bis zur kulinarischen Extravaganz für die besonderen Gelegenheiten.

Eben jenes Grundlagenwissen möchte Ihnen dieses Buch vermitteln. Es will Ihnen damit einen Leitfaden an die Hand geben, mit dem Sie sich unabhängig vom kurzlebigen Modediktat nach Ihren beruflichen Bedürfnissen und persönlichen Vorlieben kleiden können und dabei immer eines bleiben: gut angezogen. Viel Spaß!

Der dunkelblaue Anzug

Kein anderes Kleidungsstück ist derart vielseitig einsetzbar wie der einfarbige dunkelblaue Anzug. Dementsprechend sollte er auf Ihrer Einkaufsliste ganz oben stehen – von ordentlicher Unterwäsche vielleicht einmal abgesehen. «Ein Mann, der Eleganz lernen will, sollte damit beginnen, sich ganz in Blau zu kleiden», so lautet ein Sprichwort, das man bei Henry Poole & Co. pflegt, einem der renommiertesten Herrenschneider der Welt, ansässig in der Londoner Savile Row. Und wenngleich Sie schon im Interesse einer einigermaßen abwechslungsreichen Garderobe irgendwann auch andere Krawatten-, Hemden- und Strumpffarben zu tragen beginnen sollten, wird es doch kaum einen Anlass im Leben geben, zu dem ein dunkelblauer Anzug die falsche Wahl wäre. Zwar mag in manchen Situationen ein anderes Kleidungsstück noch geeigneter erscheinen – deplatziert werden Sie im dunkelblauen Anzug allerdings nur selten sein. Im Gegenteil: Die schlichte Eleganz eines zurückhaltenden Auftritts hat noch niemandem geschadet. Dunkelblau hat dabei dem grauen Anzug gegenüber einige Vorteile, über die Sie im Folgenden noch einiges erfahren werden. Das bedeutet natürlich nicht, dass ein mittel- oder dunkelgrauer Anzug grundsätzlich eine schlechte Investition wäre – für viele Männer gilt er geradezu als unverzichtbar. Als erster oder gar einziger Anzug ist er allerdings weniger geeignet.

Schnitt und Details

Zunächst jedoch einiges zur Form Ihres neuen Anzugs. Wie jeder andere Tagesanzug auch besteht der dunkelblaue «Alleskönner» mindestens aus einer Hose und einem Sakko aus demselben Stoff. Mitunter ist es sinnvoll, eine Weste für kalte Tage sowie eine Reservehose für längere Haltbarkeit des Anzugs zu besitzen. Eine solche Kombination verschiedener Kleidungsstücke aus nur einem einzigen Oberstoff fand zu Beginn des 20. Jahrhunderts Eingang in den Kanon der klassischen Herrengarderobe, die zuvor von Ensembles aus Sakko, Hose und Weste aus jeweils unterschiedlichen Stoffen dominiert wurde. Noch heute findet sich diese Frühform des Tagesanzugs in der formellen Tagesgarderobe rund um den Stresemann und den Cutaway. Diese Kombinationen, wie man sie noch von Adelshochzeiten oder hohen Staatsanlässen kennt, werden heutzutage jedoch nur selten getragen.

Die Anzugjacke oder das Sakko – das seinen Namen aus der Verballhornung einer Bezeichnung seiner sackartigen Form erhielt – kann ein- oder zweireihig, also mit einer oder zwei Knopfreihen zu schließen sein. Es kann über einen, zwei oder drei Schließknöpfe verfügen. Besonders beim einreihigen Sakko, bei dem die beiden Frontteile einander lediglich knapp einen Zentimeter überlappen, sollte die Entscheidung über die Anzahl der Schließknöpfe von der Statur des Trägers abhängig gemacht werden. Als Faustregel kann gelten: Je größer der Träger ist, über desto mehr Schließknöpfe sollte seine Anzugjacke verfügen. Auf diese Art können große wie kleine Männer für bessere Proportionen und damit für einen besseren Gesamteindruck sorgen. Ein großer, schlanker Mann sollte also bevorzugt Dreiknopfsakkos tragen. Einerseits wird so die Stofffläche zwischen Reversunterkante und Rockschößen optisch aufgelockert, andererseits erzeugen mehr Knöpfe auch mehr horizontale Linien, die den Längeneindruck des Oberkörpers abmildern. Um-

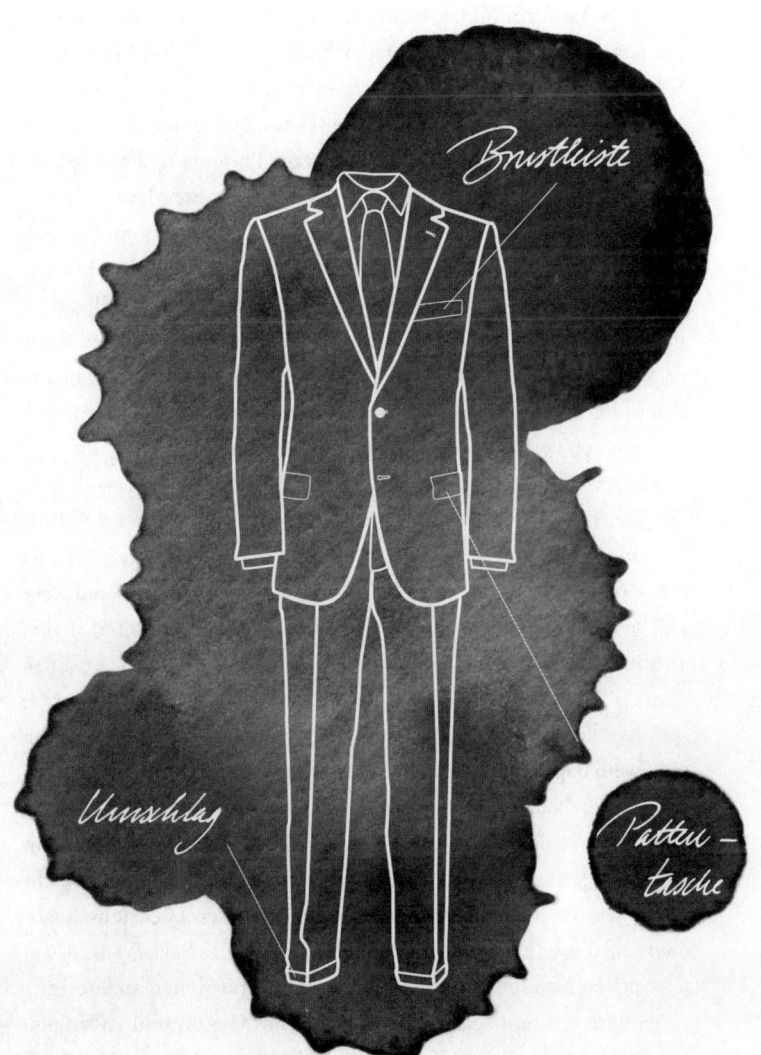

Brustleiste

Umschlag

Pattentasche

gekehrt sollten vor allem kleine Männer bevorzugt zu ein- oder zweiknöpfigen Sakkos greifen. Die längere Linie, die das Revers dieser Jackenform bildet, betont die vertikalen Linien des Trägers, die passenderweise durch weniger horizontale Achsen (da weniger Schließknöpfe) unterbrochen werden.

Bei vielen Schneidern und Konfektionären unterscheiden sich die Schnitte für Ein- und Zweiknopfjacken übrigens nicht voneinander; die Jacke mit nur einem Schließknopf verzichtet dann lediglich auf den unteren Knopf samt Knopfloch und damit auf ein ohnehin überflüssiges Zierelement – schließlich soll der unterste Knopf eines jeden Sakkos stets geöffnet bleiben, da er unterhalb der Taillenlinie liegt. Andernfalls würde er im Stehen den eleganten Fall der Jacke zerstören und im Sitzen unnötig einengen. Das Sakko mit nur einem Knopf bildet selbstverständlich die große Ausnahme von der Regel: Der einzige verbleibende Knopf ist funktional und notwendig – er bildet gewissermaßen die Essenz des Jackenverschlusses.

Der für die Passform wichtigste Schließknopf ist der auf Taillenhöhe. In der Konfektion ist seine Position dem stetigen Wandel der Mode unterworfen. Je nach Geschmack der Designer wandert er mal weit unter die natürliche Taillenlinie (dies war besonders in den 1980er Jahren der Fall), mal deutlich darüber (wie man an Anzügen neueren Datums gut feststellen kann). Der stilsichere Mann, der sich sein Erscheinungsbild nicht von flüchtigen Moden diktieren lassen will, weiß dagegen: Die einzig richtige Position für den Taillenknopf ist, wie der Name bereits suggeriert, die natürliche Taille des Trägers. Diese schlankeste Stelle zwischen Hüftknochen und unterstem Rippenbogen ist individuell verschieden und lässt sich ganz leicht durch Tasten selbst feststellen. Genau auf oder höchstens leicht oberhalb dieser Linie sollte der Taillenknopf eines Sakkos sitzen, um maximalen Komfort einerseits und beste Proportionen andererseits zu garantieren und so für ein harmonisches Gesamtbild zu sorgen. Die bis zu zwei weiteren Knöpfe sind dagegen weit weniger relevant für den optimalen Sitz des Sakkos und können je nach Geschmack des Trägers, Konfektionärs oder Schneiders mehr oder weniger weit vom Taillenknopf entfernt liegen. Beim Zwei- und beim Dreiknopfanzug wird zudem meist darauf geachtet, den unteren Schließknopf auf einer horizontalen Achse mit den Hüfttaschen des Sakkos anzulegen.

Apropos Taschen: Auch die Wahl von Form und Anzahl der Außentaschen der Jacke sollte wohlüberlegt sein. Die Faustregel lautet hier: Je mehr Volumen der Körper des Trägers besitzt, desto mehr und desto auffälligere Taschen verträgt die Jacke. Die meisten Sakkos verfügen über jeweils eine Tasche links und rechts auf Hüfthöhe sowie eine weitere links auf Brusthöhe. Die häufigste Taschenkonfiguration besteht aus einer sogenannten Brustleiste und zwei sogenannten Pattentaschen auf der Hüfte. Doch die große Verbreitung dieser Kombination bedeutet nicht, dass sie auch für jeden Körpertyp geeignet ist. So sollten kräftig gebaute Männer, insbesondere solche mit langem Oberkörper, zusätzlich eine sogenannte Billetttasche in Erwägung ziehen. Diese etwas kleinere Tasche wird in der Regel auf der rechten Jackenseite oberhalb der Hüfttasche angebracht und orientiert sich in Erscheinungsbild und Proportionen meist an dieser. Abgesehen davon, dass sie etwas zusätzlichen Stauraum bietet – ursprünglich war sie für die Aufbewahrung von Eintritts- oder Fahrkarten bestimmt –, dient sie vor allem dazu, die große Fläche des Oberkörpers visuell zu unterteilen. Kleine Männer sind mit leicht angeschrägten Hüfttaschen immer gut beraten, da diese einige zusätzliche Zentimeter vorgaukeln können. Große Männer können nicht nur, sie müssen auf diese Form der Trickserei verzichten, um nicht noch größer zu wirken. Zierliche oder besonders schlanke Männer sollten darauf achten, ihre geringe Körperfläche möglichst nicht noch zusätzlich durch zu viele und zu auffällige Taschen optisch zu verkleinern. Auf überflüssige Taschen sollten sie unbedingt verzichten, auch wenn ein scheinbarer ästhetischer

Mehrwert noch so sehr reizen mag. Selbst Taschenklappen (Patten) auf Hüfthöhe sind im Zweifel bereits zu viel des Guten und sollten entweder in die Taschen gesteckt oder – im glücklichen Fall einer Maßanfertigung – ganz abbestellt werden. Die Schlitz- oder Paspeltasche ist in diesem Fall die Taschenform der Wahl.

Zur Weste – sofern man überhaupt eine tragen möchte – ist zu sagen, dass sie in ihrer Form unbedingt zum darüber getragenen Sakko passen sollte. Die Tiefe des Westenausschnitts hängt dabei indirekt von der Zahl ihrer Schließknöpfe ab. Über den Abstand zwischen den Schließknöpfen entscheidet im konkreten Fall allerdings der Geschmack des Schneiders oder Designers. Die ideale Weste hat fünf oder sechs Schließknöpfe. Ihr Ausschnitt sollte so bemessen sein, dass er oberhalb des Sakkorevers noch sichtbar bleibt. Zum Ein- und zum Zweiknopfsakko passt also eine tiefer ausgeschnittene Weste mit nur fünf Knöpfen besser als zum Dreiknopfsakko, das durch eine höher schließende Weste mit sechs Schließknöpfen optimal ergänzt wird.

Sofern Sie keine ausgesprochene Vorliebe für auffällige Westen hegen, sollten Sie ein Modell ohne Revers wählen. Auch die Weste kann über Außentaschen verfügen: Traditionell sind zwei rechte und zwei linke Leistentaschen, jeweils auf Brust- und auf Taillenhöhe angebracht. Für die meisten Anforderungen sind jedoch lediglich zwei Taillentaschen vollkommen ausreichend. Eine ausreichend lange Weste bedeckt den Bund der Anzughose vollständig, auch wenn sich ihr Träger bewegt. Übrigens: Wer sich in gut angezogenen Kreisen nicht blamieren will, verzichtet tunlichst auf die Kombination einer Weste mit einer Hose, die durch einen Gürtel zu befestigen ist. Der Gürtel steht unter der Weste unschön hervor und ruiniert damit die elegante Silhouette eines dreiteiligen Anzugs nachhaltig.

Der Kenner trägt deshalb zur Anzugjacke ausschließlich Hosen, die ohne Gürtel getragen werden. Diese werden entweder durch einen Tunnelbund, durch Seitenspangen oder – besonders bequem – durch Hosenträger auf der richtigen Höhe gehalten. Eine Anzughose fällt am elegantesten, wenn sie auf der natürlichen Taille des Trägers zum Liegen kommt. Das mag für moderne Verhältnisse ungewohnt hoch wirken, ist jedoch an Bequemlichkeit und im ästhetischen Eindruck nicht zu überbieten. Die Hose zum Anzug braucht nicht mehr Taschen zu haben, als ihr Träger für nötig erachtet – schließlich bleibt in jedem Fall genug Stauraum im restlichen Anzug. Eine seitliche Schubtasche auf dem äußeren Hosensaum links und rechts reicht vollkommen, Gesäßtaschen können der Hose für die Freizeit vorbehalten bleiben. Für den Tagesanzug sind Umschläge eine Alternative zum glatten Hosensaum. Abends und zur festlichen Garderobe dagegen trägt Mann ausschließlich glatt gesäumte Hosenbeine.

Von diesen Besonderheiten abgesehen unterscheidet die Anzughose nichts von einer einzeln zu tragenden Tuchhose. Falls Sie normalerweise jugendlich-schmale Schnitte bevorzugen, kann die Anzughose auch geringfügig weiter geschnitten sein als ihr sportliches Pendant, um eine elegante und zeitlose Silhouette des Anzugs nicht zu stören.

Die Passform

Bevor Sie sich nun mit Stoffen, Verarbeitungsqualitäten und Preisen auseinandersetzen, widmen Sie Ihre ganze Aufmerksamkeit der Passform. Ein Anzug, egal wie hochwertig er verarbeitet und aus welch noblem Tuch er geschneidert ist, wird immer nur so gut sein wie seine Passform am Körper des Trägers. Deshalb ist bei kleinem Budget die Anschaffung eines nicht ganz so hochwertigen Anzugs mit perfekter Passform sinnvoller als der Kauf eines exklusiv verarbeiteten Kartoffelsacks. Dabei gilt es zwischen modischer und klassischer Passform zu unterscheiden. Für den guten Eindruck ist lediglich Zweitere von Bedeutung. Moden kommen und gehen; eine klassische, an bewährten Vorstellungen von guten Proportionen orientierte Passform dagegen garantiert, dass Sie Ihren Anzug lange tragen können. Die Regeln für eine gute Passform der einzelnen Bestandteile des Anzugs unterscheiden sich nur in wenigen Punkten merklich von den Regeln, die auch für einzeln zu tragende Kleidungsstücke wie Tweedsakko, Flanellhose oder Sportweste gelten. Nirgends fällt jedoch Nachlässigkeit in Sachen Passform so sehr ins Auge wie beim Anzug, der durch seine Schlichtheit den Blick des Betrachters besonders auf die wesentlichen Punkte wie einen tadellosen Sitz lenkt. Gerade deshalb gilt es, die Passform zum Kaufkriterium Nummer eins zu machen.

Einen gut sitzenden Anzug erkennen Sie an durchweg eleganten Kurven. Seine Silhouette sieht bequem und schmeichelhaft, aber nie nachlässig oder übertrieben aus. Die Schulterlinie, der Ärmel, der Sakkorücken sowie das Hosenbein fallen in ununterbrochenen, sanften Linien und weisen keine Knicke oder Dellen auf.

Der Kragen des Sakkos liegt eng am Hemdkragen an und entfernt sich auch in Bewegung möglichst wenig vom Hals seines Trägers. Fred Astaire hat bei Anproben im Atelier seines Schneiders Anderson & Sheppard in London sogar regelmäßig vor den Augen des Personals getanzt, während er im Spiegel den Sitz seines Sakkokragens überprüfte. Brust und Rücken des Sakkos kommen glatt und möglichst faltenfrei auf dem Körper des Trägers zum Liegen. Besonders das Revers steht nicht vom Körper ab und bildet von vorne betrachtet eine gerade Linie. Die Schultern des Trägers füllen ein gut passendes Sakko ganz aus, ohne den Stoff des Ärmels zu spannen. Prüfen Sie den perfekten Sitz der Schulter genau, denn er ist später nur schwer zu ändern! Meist bewährt sich die Anlehnprobe: Beim seitlichen Anlehnen sollen die Schulter des Anzugs und die des Trägers gleichzeitig die Wand berühren. Eine Jackenschulter, die spürbar vor der Schulter des Trägers die Wand berührt, ist eindeutig zu weit.

Der Rücken des Sakkos fällt bei perfekter Passform glatt und faltenfrei. Bei Konfektionsware wird dies jedoch nur selten der Fall sein, da hier die Schnitte für ein möglichst großes Publikum angelegt sind und deshalb dem Individuum so gut wie nie ideal passen. Im Zweifel sind jedoch Längsfalten weniger problematisch als Querfalten: Längsfalten bedeuten zu viel, Querfalten dagegen zu wenig Weite. Ein zu weites Sakko kann an vielen Stellen nach dem Kauf enger geschneidert werden, um so eine bessere Passform zu erzielen. Doch Vorsicht: Die meisten Männer kaufen ihre Anzüge mindestens eine Nummer zu groß! Die Länge des Sakkos sollte so bemessen sein, dass der Ober- und der Unterkörper des Trägers in optimalem Größenverhältnis erscheinen. Unabhängig von der konkreten Körpergröße oder Figur bedeutet das: Die Länge vom Boden bis zur Halsmitte des stehenden Körpers geteilt durch zwei ergibt die ideale Länge des Sakkos.

Die Weste passt gut, wenn sie überall am Körper anliegt, freilich ohne den Träger einzuengen. Besonders die Ausschnitte an Hals und Ärmeln sollten gut sitzen, also nicht zu weit sein oder gar abstehen, um unter dem Sakko nicht unnötig aufzutragen. Oft wird dazu geraten, den untersten Schließknopf der Weste stets geöffnet zu lassen. Niemand kann mit Sicherheit sagen, woher diese Regel stammt. Einige vermuten die Entstehung dieses Trends im Umfeld des englischen Königs Edward VII., der nach üppigen Mahlzeiten den untersten Knopf seiner Weste zu öffnen pflegte. Heute ist die Regel praktisch bedeutungslos; es gibt jedoch Westenschnitte, die ein Schließen des untersten Knopfes unmöglich machen. Die gut sitzende Anzughose verlängert vorne und hinten die geschwungenen Linien des Sakkos nach unten. Sie sollte entlang den Bügelfalten in einer ununterbrochenen Linie hängen und nirgends kneifen.

Auf alle diese Passformindikatoren sollten Sie bei der Anschaffung Ihres dunkelblauen Anzugs unbedingt achten, da sie später nur mit Mühe und unter nicht unerheblichen Kosten korrigiert werden können. Einige andere Punkte, die von nicht besonders stilbeflissenen Männern meist drastisch überschätzt werden, kann dagegen jeder kompetente Änderungsschneider einfach anpassen: Taillenweite, Ärmel- und Hosenlänge. Die Taille des Sakkos sollte weder zeltartig weit noch auf unkomfortable Weise eng sein. Was genau hier «passend» bedeutet, ist allerdings stark von den persönlichen Vorlieben des Trägers abhängig. Ein guter Anhaltspunkt für eine elegante Weite ist, dass die geballte Faust noch zwischen Bauch und Taillenknopf passen sollte. Der Ärmel des Sakkos muss etwa auf Höhe des Handgelenks abschließen, um noch ungefähr einen Zentimeter des Hemdärmels sichtbar zu lassen. Viele Männer (und leider auch viele Änderungsschneider) wissen heute nicht mehr, dass genau das die korrekte Ärmellänge darstellt. Doch lassen Sie sich gesagt sein: Wenig vermag den Gesamteindruck eines Anzugs derart gravierend zu ruinieren wie stümperhaft gekürzte Sakkoärmel.

Ganz ähnlich verhält es sich mit der Hosenlänge. Fast alle Männer tragen ihre Hosenbeine viel zu lang. Eleganterweise sitzt das Hosenbein lediglich mit einem leichten Knick vorne auf dem Schuh des Trägers auf. Einen guten Änderungsschneider erkennen Sie überdies daran, dass er das Hosenbein nach hinten hin leicht abschrägt, damit es näher am Absatz Ihres Schuhs zum Abschluss kommt und im Stehen nichts oder zumindest wenig von dem darunter getragenen Strumpf entblößt.

Damit wir uns nicht falsch verstehen: Die eben genannten Änderungen sind keine Option – sie sind unbedingt notwendig! Kein Anzug von der Stange passt auf Anhieb perfekt. Scheuen Sie also nicht davor zurück, für einen wirklich gut passenden Anzug großzügig in Änderungen zu investieren. Am besten kalkulieren Sie im Budget, das für Ihren neuen Anzug zur Verfügung steht, etwa 100 Euro Änderungskosten ein. So, und nur so, werden Sie lange

Freude an Ihrem neuen Kleidungsstück haben. Denn was nützt der schönste und teuerste Anzug, wenn seinen Käufer auf den letzten Metern zum guten Eindruck der Mut (oder schlimmer noch: das Geld) verließ? Und noch etwas: Tappen Sie nicht in die Eitelkeitsfalle, wenn es ans Ermitteln Ihrer Konfektionsgröße geht. Es ist nicht entscheidend, welche Zahl auf dem – von außen ohnehin unsichtbaren – Etikett Ihres neuen Anzugs steht. Alles, was zählt, ist die perfekte Passform. Und um diese zu erzielen, ist es unumgänglich, ehrlich zu sich selbst und seinem Körper zu sein. Arbeiten Sie mit dem Körperkapital, das Sie haben, nicht mit dem, das Sie gerne hätten!

Stoffe

Bisher war lediglich vom «dunkelblauen Anzug» die Rede, ohne weiter auf verschiedene Stoffe einzugehen. Doch auch die Stoffwahl ist mit Bedacht zu treffen und kann über Lieblingsanzug oder Schrankleiche entscheiden. Dass jedoch erst an dieser Stelle von Stoffen die Rede ist, hat einen einfachen Grund: Fast jeder Mann lässt sich bei der Auswahl eines neuen Anzugs vom Eindruck, den der Stoff auf ihn ausübt, blenden. Wie soll Mann auch sonst zwischen den vielen Ärmeln, die ihm von den Kleiderstangen des Herrenausstatters entgegenhängen, unterscheiden können? Dabei ist es für die Passform zunächst vollkommen unerheblich, aus welchem Stoff der Anzug gemacht ist, und sei das Gewebe auch noch so exklusiv. Im Zweifel sollten Sie wie gesagt lieber den gut sitzenden Anzug aus minderwertigem Stoff als den schlecht passenden aus besserem Tuch kaufen.

Viele jedoch achten mehr auf die sogenannten Super-Nummern, die sie von den Etiketten des Anzugs anblicken, als auf einen tadellosen Sitz – freilich ohne zu wissen, was diese Nummern überhaupt aussagen. Die Super-Nummer zeigt, wie fein die Garne sind, aus denen der Stoff gewebt wurde. Denn die dreistellige Zahl gibt an, wie viele Meter Garn ein Gramm wiegen – zumindest theoretisch. In der Praxis ist diese Klassifikation nicht normiert, und viele Webereien interpretieren sie sehr frei, so dass die Super-Nummer faktisch nichts über die Qualität des Stoffes aussagt. Eines aber ist sicher: Je höher die Super-Nummer, desto empfindlicher der bezifferte Stoff. Er wird also im Alltagseinsatz schneller knittern oder reißen, schlechter zu pflegen und insgesamt weniger langlebig sein.

Ein lange haltbarer Stoff ist nicht zu dünn, nicht zu glatt, nicht zu fein und stammt aus einer der traditionellen Webereien in England oder Italien. Um den Anzug einigermaßen universell, das heißt im Sommer wie im Winter, tragbar zu machen, sollte sich das Gewicht des Stoffes zwischen 270 und 350 Gramm pro Quadratmeter bewegen. Ein schwerer Stoff lässt den Anzug eleganter fallen und weniger schnell knittern. Kaufen Sie also besser einen Anzug aus eher schwerem Tuch.

Die klassische Webart für den dunkelblauen Anzugstoff ist der sogenannte Twill, leicht zu erkennen an seinem feinen diagonalen Webbild. Twill hält durch seine glatte Oberfläche allen Anforderungen des Alltags gut stand und knittert nur mäßig stark. Er repräsentiert das obere Ende der Formalitätsskala für Tagesanzüge. Auch viele der bekannten Businessmuster wie etwa Nadel- oder Kreidestreifen werden hauptsächlich in dieser Webart erzeugt. Für Vielflieger empfiehlt sich ein Anzug aus sogenanntem Fresko. Denn dieses Gewebe in loser Leinwandbindung ist durch seine stark verdrillten Garne besonders atmungsaktiv, knitterresistent und langlebig und daher zu Recht bei Männern mit großer Reisegarderobe sehr beliebt. Lediglich mit dem leicht kratzigen Gefühl des eher rustikalen Stoffes muss man sich unter Umständen erst anfreunden. Spätestens an heißen Tagen werden Sie diesen Nachteil aufgrund der geringen Hitzeentwicklung in einem Freskoanzug aber sicher gerne in Kauf nehmen.

Einkauf

Gerade wenn Sie bisher eher selten Anzüge tragen oder nur wenige Anzüge Ihr Eigen nennen, gilt: Kaufen Sie im Fachgeschäft. Nur dort ist das Personal gut genug geschult, um Sie auch bei schwierigen Fragen kompetent zu beraten. Es kann Ihnen dadurch nicht nur einen zu Ihrer Figur und zu Ihren Anforderungen passenden Anzug, sondern auch ein befriedigendes Einkaufserlebnis verschaffen. Kaufen Sie also nicht unbedingt im erstbesten Geschäft und bei der erstbesten Gelegenheit. Besuchen Sie verschiedene Kaufhäuser und Herrenausstatter und nehmen Sie sich Zeit, um einige Faktoren zu überprüfen: Entspricht das Sortiment dem, was Sie suchen? Empfinden Sie die Art, wie das Personal andere Kunden berät, als angenehm? Fühlen Sie sich im Laden wohl? Falls Sie diese Fragen positiv beantworten können, ist die Wahrscheinlichkeit groß, dass Sie in einem solchen Geschäft den richtigen Anzug für sich finden. Und: Investieren Sie nicht nur Geld, sondern auch Zeit. Ein Anzug ist kein Produkt, das man in der Mittagspause oder zwischen zwei Terminen, gewissermaßen im Vorübergehen, kauft. Von der Auswahl der in Frage kommenden Modelle über die Ermittlung der geeigneten Konfektionsgröße bis hin zum Abstecken aller nötigen Änderungen kann leicht eine Stunde oder sogar mehr Zeit nötig sein. Besonders die Überprüfung der Passform und des Tragekomforts sollten Sie nicht übereilt abschließen. Andernfalls werden Sie spätestens beim nächsten dreistündigen Meeting bereuen, dass Sie beim Einkauf Ihres neuen Anzugs nicht zehn Minuten mehr in eine perfekt passende Hosenbundweite investiert haben.

Qualitäten und Preise

Beim Anzugkauf gilt es, drei verschiedene Qualitätsklassen zu unterscheiden: die vollfixierte, die teilfixierte und die unfixierte Machart. Diese unterscheiden sich neben dem Grad an Industrialisierung des Herstellungsprozesses zum Teil erheblich im Anschaffungspreis. Benannt sind sie nach der Art, wie die den Brust- und Frontbereich verstärkende Einlage in die Jacke oder Weste eingearbeitet ist.

Traditionellerweise wird diese Einlage, die aus Leinen, Wolle, Filz und anderen Naturhaaren besteht, je nach gewünschter Festigkeit des Sakkos vom Schneider ausgewählt und mit hunderten losen Stichen von Hand vernäht. Ein derart gefertigtes Sakko besteht im Brust- und Frontbereich aus drei separat ertastbaren Lagen: Oberstoff, Einlage und Futter. Das Sakko ist dadurch unerreicht flexibel, langlebig und passgenau. Ein Anzug in dieser Verarbeitungsklasse ist üblicherweise auch an vielen anderen Stellen, wie etwa der Schulter oder dem Oberkragen, handgenäht und mit größter Sorgfalt in vielen Stunden konzentrierter Arbeit gefertigt. Diese Königsklasse der männlichen Bekleidungskultur kostet im Handel mindestens 1000 Euro.

Einen Großteil des sogenannten Premiumsegments im textilen Einzelhandel machen jedoch teilfixierte Anzüge aus. Sie greifen die Konstruktionsweise des traditionellen unfixierten Schneidersakkos auf, doch werden bei ihnen manche zeit- und arbeitsintensiven Schritte durch industrielle Techniken vereinfacht. So wird lediglich im Brustbereich eine – teilweise nur einschichtige – lose Einlage verwendet, während im gesamten Frontbereich der Oberstoff mit einer fixierenden Zusatzschicht verklebt wird. Dadurch wird die Flexibilität und Atmungsaktivität des Oberstoffes zwar je nach Qualität der Fixierung mehr oder weniger stark beeinträchtigt; dem Produzenten ermöglicht dieser Schritt jedoch eine enorme Zeitersparnis in der Fertigung jedes einzelnen Anzugs. Dieser Vorteil auf

Produzentenseite sollte sich auch im Preis niederschlagen: In der Preisklasse zwischen 500 und 1000 Euro darf man eine teilfixierte Verarbeitung erwarten. Gerade in diesem Segment sind die Qualitätsunterschiede allerdings sehr hoch. Achten Sie also neben dem Kaufpreis auch auf Details wie saubere, gerade Nähte, glatt hängende Ärmel und ein präzise eingearbeitetes Innenfutter aus Viskose.

Die einfachsten Anzugjacken verzichten fast vollständig auf Handarbeit im Produktionsprozess. Statt der losen Einlage wird auch im Brustbereich eine Klebefixierung verwendet, die den Oberstoff mit dem Innenmaterial regelrecht verschmilzt. Eine teure Innenausrüstung wird dadurch überflüssig. Derart hergestellte Anzüge sind jedoch nicht pauschal schlecht. Hier entscheidet zum Großteil die Bereitschaft des Produzenten, einige Euro mehr in eine hochwertige Klebeeinlage zu investieren, über die Tragbarkeit des Kleidungsstückes. Und so kann vor allem für Berufsanfänger oder Gelegenheits-Anzugträger ein vollfixierter Anzug die richtige Wahl sein. Diese Basisklasse unter den Anzügen ist bereits unter 500 Euro zu haben.

Kombinationen

Wie vielseitig ist nun aber der Anzug, den Sie gerade gekauft haben? Natürlich eignet er sich optimal als Begleiter jeder Form von halbformeller Tagesgarderobe, vom Businessmeeting bis zur Taufe der Enkeltochter. Dabei lässt sich seine Formalität durch die Wahl geeigneter Hemden, Krawatten und Schuhe weiter differenzieren. Für den noblen Anlass tagsüber ist der dunkelblaue Anzug in Kombination mit einer einfarbigen blauen oder grauen Krawatte sowie einem weißen Hemd nicht zu toppen. Jedoch ist er auch dezent genug, um sich als Hintergrund zu kleinkariertem Hemd und Strickkrawatte selbst in etwas sportlichere Outfits stimmig zu integrieren. Auf Reisen kann der dunkelblaue Anzug zudem doppelten Dienst als kleiner Smoking tun, ohne deplatziert zu wirken. Tragen Sie ihn dazu einfach mit den üblichen Begleitern dieses Abendanzugs: einer Schleife aus schwarzem Seidenrips samt Smokinghemd.

Besonders für Männer mit kleiner Garderobe kann es zu Anfang der Kleiderkarriere sinnvoll sein, die Einzelteile des Anzugs mit anderen, bereits vorhandenen Stücken aus dem eigenen Kleiderschrank zu kombinieren. Anzughosen sollten möglichst nicht über Gebühr in anderen Kombinationen getragen werden, da sie naturgemäß verschleißanfälliger sind als Sakkos. Gegen das gelegentliche Tragen der Hose mit einem kontrastierenden Sakko, beispielsweise aus mittelbraunem Tweed, ist allerdings besonders auf Reisen nichts einzuwenden. Die Anzugjacke hingegen kann bedenkenlos mit kontrastierenden Hosen zusammen getragen werden, ohne dabei gleich merkliche Abnutzungsspuren davonzutragen. Besonders glänzen kann die dunkelblaue Jacke als provisorischer Blazer. Dieses Kleidungsstück, das als Einreiher den Sportklubs englischer Universitäten, als Zweireiher der britischen Marine entstammt, zieren für gewöhnlich Schließknöpfe aus Kupfer oder Email anstatt der normalen Knöpfe aus Büffelhorn oder Steinnuss (spätestens an dieser Stelle sei ausdrücklich vor dem Knopf aus Kunststoff gewarnt!). Wer auf dieses Detail aber zu verzichten bereit ist, kann die blaue Anzugjacke bedenkenlos als Blazerersatz verwenden.

Als idealer Kombinationspartner bietet sich hier die graue Tuchhose an, solange man auf nicht zu elegante Materialien achtet. Eine mittelgraue Hose aus luftigem Fresko wird im Frühling und Sommer wertvolle Dienste leisten. Im Herbst und Winter dagegen gibt es nichts Besseres als die grau melierte Flanellhose, die zusammen mit dem dunkelblauen Sakko sicherlich eine der elegantesten Kombinationen ergibt, welche die Herrenmode kennt. Auf der sommerlichen Gartenparty Ihres besten Freundes sind Sie mit einem dunkelblauen Sakko und einer beigen oder cremefarbenen Leinenhose sportlich, aber nicht nachlässig gekleidet. Das untere Ende der Formalitätsskala markiert die Kombination der dunkelblauen Anzugjacke mit weißen Jeans und einem sportlichen Hemd. Sie sehen also, mit etwas Übung kann man mindestens ein Teil des dunkelblauen Anzugs für nahezu jeden Trageanlass gebrauchen.

Pflege

Um möglichst lange Freude an Ihrem Anzug zu haben, sollten Sie ihm regelmäßige Pflege angedeihen lassen. Unter Pflege ist dabei nicht die chemische Reinigung zu verstehen, denn diese scheut eigentlich jedes hochwertige Kleidungsstück. Man muss sich im Klaren darüber sein, dass jeder Gang zur chemischen Reinigung die Lebensdauer eines Anzugs, egal wie gut er verarbeitet ist, drastisch verkürzt. Vor allem einfache Anzüge leiden unter der aggressiven Behandlung in der Textilreinigung. Fixierte Einlagen können sich stellenweise lösen, was sich in unschönen Blasen entlang der Sakkofront äußert; dieser Schaden ist irreparabel. Die oberste Devise lautet deshalb: Nur reinigen, wenn es nötig ist. Ein gut gepflegter Anzug kommt mit einer chemischen Reinigung im Frühjahr und einer weiteren im Herbst aus.

Kleinere Verschmutzungen sollten Sie lokal behandeln. Jeder Anzug muss außerdem nach dem Tragen mindestens einen Tag auf einem Formbügel ruhen, damit Körperwärme und Feuchtigkeit aus dem Gewebe weichen und Falten sich glätten können. Hochwertige Wollgewebe sind in der Lage, sich von Tragespuren binnen weniger Stunden fast vollständig zu erholen. Hartnäckige Falten lassen sich durch die Aufbewahrung des Anzugs in feuchten, warmen Räumen glätten – ideal ist das Badezimmer nach einer heißen Dusche. Nachdem der Anzug gut gelüftet wurde, sollte er mit einer Naturhaarbürste gründlich von Staub und oberflächlichem Schmutz befreit werden. Bürsten Sie den Stoff dabei stets mit der Faser, am sichersten einfach von der Schulter abwärts, auch auf der Ärmelunterseite und an den Jackenseiten. Derart gepflegt und stets auf einem ausgeformten Bügel an einem gut belüfteten Ort aufbewahrt, werden Sie sich viele Jahre an Ihrem Anzug erfreuen.

Weitere Anzüge

Der erste und beste, ein dunkelblauer Anzug ist gekauft. Doch was nun? Wie weiter? Hier ein kurzer Überblick, auf welche Anzüge Sie als Nächstes ein Auge werfen sollten, um Ihre Garderobe sinnvoll zu erweitern.

Auch wenn er als Erstanschaffung nicht zu empfehlen ist: als zweiter Anzug ist ein Exemplar aus einfarbig grauem Tuch eine gute Idee. Achten Sie jedoch darauf, den Stoff nicht zu dunkel auszuwählen. Mittelgrau ist formell genug und steht den meisten Männern viel besser als anthrazit. Ein nicht vollkommen glatter Stoff ist hier ratsam, um das Einheitsgrau optisch aufzulockern. Als Klassiker gelten Nailhead und Sharkskin, zwei gewebte Punktmuster.

An dritter Stelle sollte ein Modell mit Nadelstreifendessin stehen. Um in einem solchen nicht unnötig bieder auszusehen, darf der Abstand zwischen den einzelnen Streifen nicht zu gering sein. Streifenabstände unter einem halben Zentimeter sind deshalb mit Vorsicht zu genießen. Weiße oder cremefarbene Nadelstreifen sind die beste Wahl und wirken auf dunkelblauem Grund stets eleganter als auf grauem.

Der vierte Anzug ist, zumindest streng historisch gesehen, nicht businesstauglich: Das Glen Urquhart Check, kurz Glencheck, ein mehrliniges Karo, war ursprünglich der Freizeitgarderobe vorbehalten, wurde jedoch mit dem Einzug der Sportswear in die Tagesgarderobe auch im Geschäftsleben tragbar. Ein enger Verwandter des

Glencheck, das Prince of Wales Check – leicht zu erkennen an seinem farbigen Überkaro –, erfreut sich seit jeher besonderer Beliebtheit bei den großen Dressern der Geschichte von Fred Astaire über Cary Grant bis hin zum englischen König Edward VIII.

Ab dem fünften Anzug steht Ihnen die gesamte Welt der feinen Stoffe und Modellvarianten offen: Wie wäre es beispielsweise mit einem leichten, halbgefütterten Sommeranzug aus beigefarbenem Leinen oder aber einem schweren hellgrauen Flanellanzug für eisige Wintertage? Bereits in diesem Stadium sollten Sie Anzüge für bestimmte Jahreszeiten und Temperaturen anschaffen. Damit schonen Sie nicht nur jeden einzelnen Anzug, weil Sie seine Tragezeit effektiv halbieren; Sie stellen auch sicher, dass Sie sich spätestens nach einem halben Jahr wieder darüber freuen können, einen Wechsel in Ihrer Garderobe zu vollziehen. Für den Sommer empfehlen sich leichte, luftige Stoffe, die Feuchtigkeit vom Körper wegtransportieren und Wärme abhalten. Dafür eignen sich vor allem Leinen, Baumwolle und Wollfresko. Im Winter kommt es darauf an, Körperwärme möglichst effizient im Stoff der Bekleidung zu speichern und kalte Luft abzuschirmen. Als Winterstoffklassiker gelten daher Wollflanell, Baumwollcord und Tweed.

Das hellblaue Hemd

Sollten Sie jemals aus irgendeinem Grund in die unangenehme Situation kommen, nur ein einziges Hemd besitzen zu können, lassen Sie es ein hellblaues sein. Und solange es noch nicht so weit gekommen ist, sorgen Sie zumindest dafür, dass die Mehrzahl Ihrer Hemden hellblau ist. Warum das, und vor allem: warum so eindringlich? Es gibt schlicht kein besseres, vielseitigeres und universelleres Hemd als ein einfaches hellblaues. Man kann es als die oft verkannte Geheimwaffe des gut gekleideten Mannes bezeichnen. Zwar scheint als ungeschriebenes Gesetz für jeden Mann zu gelten, dass das erste, beste und sicherste Hemd im Kleiderschrank weiß ist. Doch für das hellblaue Hemd spricht – abseits althergebrachter Bekleidungsregeln – schlicht und ergreifend der gesunde Menschenverstand.

Um möglichst universell einsetzbar zu sein, sollte ein Hemd ideal zu seinem Träger passen. Dafür sind allerdings nicht nur die Details entscheidend wie etwa die Kragenform, von der hier noch die Rede sein wird; es fängt schon bei der Farbe an. Und genau hier spielt das hellblaue Hemd seinen größten Trumpf aus, denn kaum ein Farbton steht mehr Männern derart gut zu Gesicht – das dürfen Sie gerne wörtlich nehmen. Dazu kommt noch, dass wenige Farben sich leichter und vielfältiger mit den übrigen Klassikern einer männlichen Garderobe kombinieren lassen. Das hellblaue Hemd ist die weiße Leinwand des eleganten Mannes. Etwas überspitzt ausgedrückt könnte man sogar so weit gehen zu sagen, dass man von einigen wenigen, meist formellen Anlässen abgesehen auch hervorra-

gend ohne ein einziges weißes Hemd im Kleiderschrank auskommt
– niemals aber ohne ein hellblaues.

Von der Unterwäsche zum Lifestyleartikel

Bevor wir uns mit den Details eines zeitgemäßen hellblauen Hemdes
beschäftigen, werfen wir einen kurzen Blick auf die bewegte Geschichte dieses Kleidungsstücks. Denn was heute oft ausgeblendet
wird: Wenige Basics im Kleiderschrank eines Mannes waren einem
derart radikalen Bedeutungswandel unterworfen wie das Oberhemd.
Ursprünglich bildete es zusammen mit Unterhemd, Strümpfen und
natürlich der Unterhose die Leib- oder Unterwäsche. Entsprechend
einfach waren die Verarbeitung und die Ansprüche an ein Oberhemd:
Es musste in erster Linie haltbar, reißfest, bequem und natürlich gut
genäht sein. Dass es keinen bedeutenden Platz in der Herrengarderobe einnahm, erkennt man noch heute daran, dass es, sofern es nicht
von der Stange kommt, nicht im Atelier eines Maßschneiders, sondern in der Weiß- oder Wäschenäherei angefertigt wird. Und so bietet ein Hemdenmacher in aller Regel auch maßgefertigte Pyjamas,
Nachthemden und Unterhosen an. Nicht wenige Kunden machen es
sich deshalb zur lieben Gewohnheit, zu jedem bestellten Hemd passende Boxershorts aus demselben Stoff zu bestellen.

Dass das Oberhemd einst zur Unterwäsche gezählt wurde, ver-
wundert nicht, weil man im fertig angezogenen Zustand nahezu
nichts mehr davon sah. Da Anzüge früher ausnahmslos dreiteilig,
also in einer Kombination aus Jacke, Weste und Hose getragen wurden, war fast die gesamte Fläche des Hemdes von darüber liegenden
Kleidungsstücken bedeckt. Der heutige Hemdkragen war zudem
noch nicht Teil des Hemdes, sondern wurde separat gekauft und auf
einer Art Stehbund ans Hemd geknöpft. Was vom Hemd sichtbar
blieb, machte also nicht mehr als einige Zentimeter zwischen Wes-

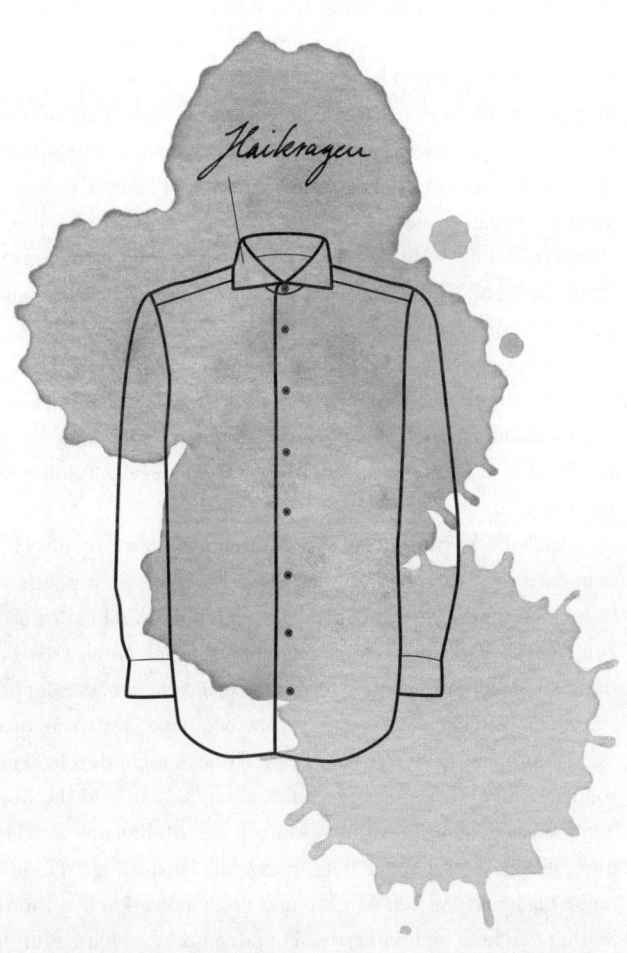
Haikragen

tenausschnitt und Kragen aus, von denen wiederum der Großteil von der Krawatte oder Schleife verdeckt wurde. Und da es bis vor nicht allzu langer Zeit nicht nur wie heute unschicklich, sondern sogar vollkommen undenkbar war, sich in der Öffentlichkeit seiner Jacke zu entledigen, war dem Hemd eine eher bescheidene Karriere als Teil der Herrenmode beschieden.

Dies änderte sich allerdings schlagartig, als in den 1920er Jahren zweiteilige Anzüge und Kombinationen aus Hose und Jacke, aber ohne Weste breiten Anklang zu finden begannen. Plötzlich war ein wesentlich größerer Teil der Hemdbrust sichtbar, selbst wenn Mann vollständig und korrekt gekleidet war. Damit setzte ein grundlegender Wandel ein. War bislang Weiß die einzige gesellschaftsfähige Farbe für Oberhemden, experimentierten modeaffine Männer nun mit unterschiedlichen Mustern und Farben. Bereits früh konnten sich zahlreiche Streifenmuster etablieren. Der weiße Hemdkragen blieb jedoch noch lange Zeit verpflichtend und kam erst aus der Mode, als Hemden mit angenähtem Kragen auf der Bildfläche auftauchten.

Auch die Vorstellungen von der richtigen Passform des Hemdes begannen sich mit der Verbreitung des Zweiteilers zu wandeln. Die bislang eher untergeordnete Rolle des Hemds – und natürlich nicht zuletzt sein Verschwinden unter mehreren Schichten Oberbekleidung – machten die Frage nach einer irgendwie genauer definierten Passform weitgehend überflüssig. Eine bequeme Weite war auch nötig, damit man das zu diesem Zeitpunkt noch nicht durchgeknöpfte, sondern wie eine Tunika geschnittene Hemd ohne Mühe überziehen konnte. Doch die Aufmerksamkeit der Mode auch für das, was unter der Jacke und Weste liegt, rückte die Passform des Hemdes bis heute nachhaltig in den Mittelpunkt des handwerklichen Interesses. Seither zeichnet sich ein guter Hemdenmacher auch dadurch aus, wie gut er in der Lage ist, die körperlichen Eigenheiten seines Kunden im Schnitt des Hemdes zu berücksichtigen.

Die Passform

Will man die gute Passform des Hemdes auf ihre minimalen Kriterien reduzieren, so kann man zunächst sagen, dass ein Hemd am Rumpf nicht enger oder weiter sein sollte als unbedingt nötig. Diese Definition gibt reichlich Spielraum für individuelle Präferenzen. Die Hemdenmacher englischer Tradition bevorzugen beispielsweise eine eher weite Passform, während die moderne italienische Schule versucht, mit möglichst wenigen Zentimetern Stoff um den Oberkörper auszukommen. Da das Weiteempfinden und der damit einhergehende Tragekomfort aber hochgradig vom jeweiligen Träger abhängen, wäre es wenig sinnvoll, an dieser Stelle übermäßig präzise Vorgaben zu diktieren. Als praktikabler Mittelweg empfiehlt sich, die Rumpfweite des Hemdes so zu bemessen, dass es an keiner Stelle beengend wirkt, aber nicht so weit, dass es unter dem Anzug unnötig aufträgt. Männer, die in der Öffentlichkeit regelmäßig weder Sakko noch Weste tragen, sind mit einer schmaleren Passform gut beraten, um auch ohne zusätzliche Schichten von Kleidung einen einigermaßen ordentlichen Eindruck zu machen.

Deutlich weniger Spielraum bietet dagegen das Schultermaß des Hemdes. Hier entscheiden bereits wenige Millimeter über Wohl oder Wehe der Passform. Idealerweise sollte die Schulternaht ein bis zwei Fingerbreiten außerhalb des Schultereckgelenkes liegen. Eine zu schmal bemessene Schulter setzt den oberen Rumpf des Hemdes unnötig unter Spannung und lässt bei Bewegung der Arme oder des Halses unschöne Falten entlang der Schulter und um den Nacken herum entstehen. Eine zu weit bemessene Schulter beeinflusst die Position des Armloches ungünstig und beeinträchtigt so den natürlichen Bewegungsablauf Ihres Schultergelenks.

Viele traditionelle Hemdenhersteller aus England fertigen den sogenannten Sattel, also das Stoffstück am Rücken zwischen Hemdkragen und Rumpf, nicht aus zwei, sondern aus vier Teilen. Er besteht dann nicht nur aus einem außen und einem innen liegenden Stoffstück; beide sind zudem jeweils in eine linke und eine rechte Hälfte geteilt. Häufig wird dies mit einer besseren Passform begründet, was allerdings nicht mehr als ein besonders langlebiger Schneidermythos ist. In Wirklichkeit ist diese Maßnahme einem möglichst kleinteiligen Zuschnitt geschuldet, mit dem sich kostbarer Stoff sparen lässt, und entstammt Zeiten größerer Rohstoffknappheit.

Die Schulternaht begrenzt das Armloch. Dieses sollte nicht zu weit sein, um das idealerweise ebenfalls hoch geschnittene Armloch der Jacke nicht zu konterkarieren. Ist das Armloch des Hemdes zu weit oder zu tief geschnitten, kann der Ärmel des Hemdes nicht bis zum Achselpunkt in den Sakkoärmel rutschen und verhindert so ein entspanntes Tragegefühl des Hemdes wie des Sakkos. Ein gutes Hemd erkennen Sie außerdem zuverlässig daran, dass sein Armloch an den Seiten nicht einfach gerade, sondern leicht nach außen gekrümmt verläuft. Im Übrigen wird ein ordentlicher Weißnäher oder Hemdenschneider das Armloch eines Hemdes immer an die anatomischen Gegebenheiten des jeweiligen Kunden anpassen oder speziell dafür konstruieren. Ein passender Hemdsärmel ist immer etwas länger als Ihr eigener Arm, um genügend Spielraum für Bewegungen zu bieten. Die endgültige Länge definiert ohnehin die geschlossene – und gut sitzende – Manschette.

Kragen und Manschetten

Wie man es auch dreht und wendet – das Passformkriterium Nummer eins beim Hemd ist der Kragen – und das gleich in mehrerlei Hinsicht. So unterschiedlich wie die Vielzahl männlicher Hälse sind auch die zur Auswahl stehenden Kragenformen. Natürlich sollte ein

Hemdkragen zunächst einmal zur Halsweite seines Trägers passen. Einen perfekt sitzenden Hemdkragen erkennen Sie daran, dass Sie bei geschlossenem Kragenband bequem Ihren Zeigefinger zwischen Kragen und Hals führen können. Passt kein Finger mehr dazwischen, ist der Kragen zu eng und wird spätestens im Laufe des Tages oder bei wärmeren Temperaturen einengend wirken. Passen zwei oder mehr Finger zwischen Kragenband und Hals, ist der Hemdkragen zu weit und wird unter dem Gewicht einer Krawatte in sich zusammenfallen oder sich beim Binden derselben ineinander schieben. Der perfekte Hemdkragen vermeidet diese beiden Extreme, sieht knapp bemessen aus, bleibt aber stets bequem.

Ein weiterer entscheidender Faktor für den Tragekomfort eines geschlossenen Hemdkragens ist seine Höhe oder vielmehr die Höhe des Kragenbandes, an deren Vorgabe sich die Maße des Kragens selbst orientieren. Grundsätzlich gilt: Der richtige Hemdkragen ist ausgewogen in seinen Dimensionen, also weder übertrieben groß noch übertrieben klein für seinen Träger. Die Kragenhöhe bemisst sich damit an der Halslänge des Trägers. Männer mit langem Hals dürfen einen hohen Hemdkragen für sich wählen, um den natürlichen Längeneindruck nach Möglichkeit abzumildern. Männer mit kurzem Hals sind dagegen am besten mit einem relativ flachen Hemdkragen beraten, um einen streckenden Effekt für sich zu erzielen. Ein durchschnittliches Kragenband ist auf der Rückseite etwa vier Zentimeter hoch, wobei sich seine Höhe zur Vorderseite und zum Kragenknopf hin meist auf etwa zwei Zentimeter verringert. Ein hohes Kragenband misst an der höchsten Stelle etwa fünf Zentimeter. Männern mit besonders langem Hals und stark nach vorn geneigtem Kopf sei außerdem zu einem Kragenband geraten, das sich zum Kragenknopf hin nur wenig verschmälert. Männer mit kurzem Hals greifen zu einem Hemdkragen, dessen Kragenband hinten maximal dreieinhalb Zentimeter hoch ist und sich zum Kragenknopf hin auf bis zu einen Zentimeter Höhe verringert.

Vor allem von Herrenausstattern und in Kaufhäusern wird häufig die Meinung vertreten, die Form des Kragens – oder genauer eigentlich die der sogenannten Kragenschenkel – habe einen großen Anteil am Eindruck, den Kopf und Hals des Trägers machen. Sie müsse sich folglich an deren Form und Breite orientieren. Einem schmalen Hals stünden vor allem weit gespreizte Kragenformen wie der sogenannte Haikragen, während breite Hälse in einem Kragen mit möglichst wenig stark gespreizten Kragenschenkeln wie etwa dem Kentkragen am besten aussähen. Die Motivation für diese Theorie ist eine ähnliche wie für die Auswahl der passenden Kragenhöhe: Im Mittelpunkt des Interesses steht die Abmilderung und Harmonisierung der anatomischen Gegebenheiten. Während die passende Kragenhöhe aber nicht zuletzt auch eine Frage des Tragekomforts ist, muss die Wahl der Kragenform nach den Kriterien, wie sie hier vertreten werden, immer eine rein ästhetische bleiben.

Tatsächlich ist Mann mit einem moderat gespreizten Kragen immer gut angezogen – und zwar unabhängig von seiner Kragenweite oder Kopfform. Der optische Effekt einer größeren oder geringeren Spreizung der Kragenschenkel wird im Allgemeinen drastisch überschätzt und oft genug weitaus wichtigeren Kriterien wie etwa dem optimalen Halt des Krawattenknotens übergeordnet. Ein Hemdkragen ist aber immer nur so gut wie seine Passform und seine Fähigkeit, einen Krawattenknoten den ganzen Tag über in Position zu halten. Um diese Anforderung zu erfüllen, sollte die sogenannte Sperrweite, also der Abstand zwischen den Kragenschenkeln direkt oberhalb des Kragenbandes, großzügig bemessen sein. Auf diese Weise bietet der Hemdkragen dem Krawattenknoten ausreichend Raum und drückt ihn nicht flach auf die Brust.

Die Hemdmanschette ist ihrer Konstruktion nach eigentlich nichts anderes als ein etwas anders geformter Kragen. Auch sie besteht aus zwei Lagen Oberstoff, die mit einer Einlage vernäht oder

Button – Down – Kragen

Kentkragen

Sperrweite

Umschlagmanschette

Sportmanschette

verklebt werden. Die Vor- und Nachteile der beiden Konstruktions-
varianten sind hier selbstverständlich die gleichen wie beim Anzug.
Dabei ist eine lose verarbeitete Hemdmanschette aufgrund der größeren frei beweglichen Stoffmenge insgesamt anfälliger für schlechtes Bügeln als ein ebensolcher Kragen. Eine gut passende Manschette ist einen Fingerbreit weiter als der Umfang Ihres Handgelenks.
Fällt die Manschette weiter aus, besteht die Gefahr, dass sie im geschlossenen Zustand über die Handwurzel rutscht, was nicht unbedingt einen eleganten Eindruck macht.

Die beiden wichtigsten Manschettenformen, die jeder Mann
kennen sollte, heißen Umschlagmanschette und Sportmanschette.
Die Sport- oder Knopfmanschette ist die weniger formelle der beiden. Sie wird mit einem oder mehreren Knöpfen geschlossen und
findet sich an den meisten Hemden von der Stange. Ihre vorderen
Ecken können gerade, abgeschrägt oder gerundet sein. Die Umschlagmanschette hat statt der Schließknöpfe zusätzliche Knopflöcher und wird mit Manschettenknöpfen getragen. Dazu wird die
Manschette nach hinten umgeklappt, um das Handgelenk gelegt
und der Manschettenknopf durch alle vier nun übereinander liegenden Knopflöcher gesteckt. Diese ursprünglich für die aushäusige
Garderobe obligatorische Manschettenform eignet sich heute besonders für formelle Hemden und nahezu alle Kombinationen mit
Anzügen.

Das Maßhemd

Wenn hier von der Passform des Hemdes die Rede war, dann häufig
im Zusammenhang mit einer Maßanfertigung in der Weißnäherei.
Das allein schon wirft die Frage auf, ob ein wirklich gutes, also
gut passendes und gut genähtes Hemd denn maßgeschneidert sein
muss. Die Antwort ist ein klares Jein. Oder vielmehr ein Ja mit ge-

wissen Auflagen, denn mit dem Maßhemd verhält es sich so: Es wird, einen guten Hemdenschneider vorausgesetzt, eigentlich immer besser passen als ein Hemd von der Stange. Zudem ist der Preis für ein maßgeschneidertes Hemd bei Weitem geringer als beispielsweise für einen Maßanzug. Tatsächlich weicht er sogar nicht oder nur unwesentlich vom Preis hochwertiger Konfektionshemden ab. Maßhemden, die deutlich teurer sind als ein sehr gutes Hemd von der Stange, bieten in der Regel nur einen subjektiven Mehrwert wie beispielsweise einen erhöhten Anteil von Hand ausgeführter Fertigungsschritte, der aber keinen Einfluss auf Haltbarkeit und Passform des Hemdes hat. Wenn Sie also beim Herrenausstatter regelmäßig Preise von etwa 100 bis 150 Euro für ein Hemd bezahlen, sollten Sie den Wechsel zum Maßhemd dringend in Erwägung ziehen.

Erwarten Sie allerdings keine Wunder von der Passform Ihres neuen Maßhemdes. Anders als beim maßgeschneiderten Anzug, der in vielen Stunden mühevoller Handarbeit gedämpft, gedehnt und geschrumpft wird, um den Oberstoff und die darunter liegenden Einlagen für ihren Träger zu formen, werden beim Maßhemd lediglich die Maße des Besitzers mit den Maßen des Hemdstoffes in Einklang gebracht. Das Passformerlebnis eines Maßhemdes wird also immer etwas subtiler ausfallen als das eines Maßanzugs. Das ist auch der Grund, warum Sie unterhalb eines Budgets von 100 Euro weder maßgeschneiderte noch maßkonfektionierte Hemden in Betracht ziehen sollten. Diese einfache Klasse der Maßanfertigungen versucht in aller Regel, die hohen Kosten, die eine Produktion in kleinen Stückzahlen verursacht, durch minderwertige Stoffe, schlechte Verarbeitung und oft genug auch fragwürdige Arbeitsbedingungen auszugleichen.

Hier ist das gute Konfektionshemd die bessere Wahl. Suchen Sie den Hersteller aus, dessen Schnitt Ihnen ohne Änderungen am besten passt, und lassen Sie daran von einem Änderungsschneider die

notwendigen Verbesserungen durchführen. Häufig muss beispielsweise die Taillenweite eines Konfektionshemdes verringert werden.
Dies lässt sich mithilfe zweier schmaler Abnäher im Hemdrücken
leicht bewerkstelligen und kostet Sie nicht mehr als 15 Euro.
Um es also auf einen Nenner zu bringen: Es muss nicht das teuerste Maßhemd sein. Es muss aber auch nicht das Konfektionshemd
zum Preis einer Maßanfertigung sein. Wägen Sie ab, wie viel Sie für
ein gut passendes Hemd ausgeben können, und entscheiden Sie sich
dementsprechend für eine der beiden Optionen.

Qualitäten und Preise

Ungeachtet der Herkunft Ihres Hemdes sollte dieses ein Min-
destmaß an Qualitätskriterien erfüllen – in der Regel sind es Verarbeitungsdetails, an denen Sie erkennen, ob man sich bei der
Herstellung des Kleidungsstückes den Luxus zusätzlicher Produktionsschritte leisten wollte oder lieber auf Rationalisierung gesetzt
hat.

Einfachen Hemden der Preisklasse bis 50 Euro ist sämtlich eines
gemein: Sie werden möglichst zeit- und materialsparend produziert,
um überhaupt wirtschaftlich sinnvoll zu sein. Entsprechend einfach
ist die Ausführung ihrer Details. Am auffälligsten ist dies bei den
Seitennähten entlang des Hemdkörpers und der Ärmel. Sie sind bei
dieser Klasse von Hemden mit einer doppelten Nähmaschinennadel
ausgeführt, was man leicht an den beiden parallel verlaufenden
Steppnähten auf der Außenseite erkennen kann. Die gesamte Seitennaht kann auf diese Weise in nur einem einzigen Arbeitsschritt angefertigt werden. Dies verkürzt die Zeit, die für jede der Nähte benö-
tigt wird, auf höchstens die Hälfte der Arbeitszeit einer traditionell
verarbeiteten Seitennaht. Die Zeitersparnis wird allerdings mit dem
Nachteil erkauft, dass sich der Stoff zwischen diesen beiden Nähten

während der Wäsche verzieht und so die Seitennaht dauerhaft wellig und wenig elegant aussehen lässt. Das Problem kann man zwar einerseits durch die Verwendung hochwertiger Nähgarne und Stoffe, andererseits durch schonende Wäsche minimieren, es bleibt jedoch immer ein Risiko. Im Notfall hilft nur noch sorgsames Bügeln.

Da kurioserweise besonders Hemden der unteren Preisklasse mindestens eine Brusttasche aufweisen, sei an dieser Stelle darauf hingewiesen, dass diese, wenn sie denn einmal da ist, als einzige Tasche ihrer Kleidung niemals befüllt werden sollte. Im Grunde ist eine Brusttasche auf dem Hemd vollkommen überflüssig, schließlich haben Sie in Ihrer übrigen Kleidung ausreichend Taschen, die die Passform weit weniger beeinträchtigen.

Von einem Hemd der gehobenen Preisklasse zwischen 50 und 100 Euro dürfen Sie erwarten, dass es über Seitennähte verfügt, die mit nur einer Nähmaschinennadel ausgeführt wurden. Die häufigste Form nennt sich Kappnaht. Hierfür werden die Stoffteile zunächst auf der Innenseite zusammengenäht; die Stoffränder werden dann einige Millimeter breit um sich selbst gefaltet und von der innen liegenden Seite und durch alle Stofflagen hindurch sichtbar übersteppt. Das daraus resultierende Nahtbild ist wesentlich dünner und dadurch weniger auffällig. Zudem sind alle echten, mit nur einer Nadel und in mehreren Arbeitsschritten ausgeführten Wäschenähte deutlich haltbarer als ihre nach industriellen Methoden hergestellten Pendants – und sie bleiben stets wunderbar glatt und elastisch, was sie sowohl pflegeleicht als auch bequem macht.

Mit etwas Geduld und einer nicht unerheblichen Menge Glück finden Sie in dieser Preiskategorie bereits Hemden, deren Manschetten- und Krageneinlagen nicht mit dem Oberstoff verklebt, sondern lose eingenäht sind. Diese Verarbeitungsvariante ist im Vergleich zur verklebten die deutlich ältere. Sie hat den Vorteil, dass Kragen und Manschetten lebhafter und voluminöser aussehen. Ein flexibleres und dadurch angenehmeres Tragegefühl spricht ebenfalls für diese Herstellungsmethode. Allerdings sollen an dieser Stelle auch ihre Nachteile nicht verschwiegen werden. Kragen und Manschetten mit unfixierten Einlagen neigen in der Waschmaschine zum stärkeren Einlaufen, sollten Sie Ihr Hemd einmal versehentlich zu heiß waschen. Wäschereien sehen unfixierte Einlagen in Hemden generell ungern, weil diese dann wesentlich aufwendiger zu bügeln sind. Da die oberste Stoffschicht mit der haltgebenden Einlage nicht verschmolzen ist, sondern nur an den Rändern mit ihr vernäht wurde, straft sie Nachlässigkeiten in der Bügelsorgfalt mit sichtbaren Falten, die sich erst nach der nächsten Wäsche wieder regulieren lassen. Fans loser Einlagen schätzen diese gewisse Divenhaftigkeit aber umso mehr und tragen auch nicht perfekt glatte Kragen mit Stolz.

Von einem Hemd der Premiumklasse, erhältlich ab etwa 100 Euro, dürfen Sie noch einiges mehr erwarten. Dieses Mehr hat freilich zuweilen einen gravierenden Nachteil: Der Phantasie in Sachen Spitzenhemd sind preislich nach oben keine Grenzen gesetzt. Vor allem aufstrebende und etablierte Hersteller aus Süditalien lassen sich ihre handgearbeiteten Preziosen vom Kunden vergolden. In jedem Fall wird ein hochwertiges Hemd über unfixierte Einlagen verfügen und fehlerfrei verarbeitet sein. Lose Fäden oder ungerade Nähte sollten Sie in dieser Preisklasse nicht mehr tolerieren. Auch sind die Knöpfe eines solchen Hemdes in der Regel aus Perlmutt. Dieses Naturmaterial aus der Trocas- oder Macassarmuschel ist deutlich härter als schnöder Kunststoff und wird in der Waschmaschine seltener zerbrechen. Da Perlmutt eine geringe Wärmeleitfähigkeit aufweist, können Sie zudem die Knopfleiste Ihres Hemdes ohne Bedenken überbügeln. Um einen Kunststoffknopf muss dagegen sorgsam herumgebügelt werden, um ihn nicht zu schmelzen. Kenner trennen die Perlmuttknöpfe ihrer aufgetragenen Hemden übrigens ab und schenken ihnen an einem neuen Hemd ein zweites Leben.

Die Ärmel eines hochwertigen Hemdes sind vor der Manschette nicht einfach glatt oder durch eine einzige große Längsfalte verschmälert. Mindestens drei, besser noch vier kleine Falten entlang der Manschettenmündung zeugen von filigranem Handwerk und Sinn für Präzision. Darüber hinaus kann das perfekte Hemd noch über eine Vielzahl weiterer handwerklicher Schmuckstücke verfügen, wie etwa von Hand eingenähte Ärmel und Manschetten. Auch die Knopflöcher können von Hand umsäumt sein. Vor einigen dieser Details sei an dieser Stelle aber gewarnt. Viele Handnähte am Hemd sehen zwar gut aus, machen das Kleidungsstück aber ganz im Gegensatz zum handgenähten Anzug nicht unbedingt haltbarer – den Anzug wäscht man schließlich nicht nach jedem Tragen.

Stoffe

Das beste Hemd ist hellblau – so weit, so klar. Doch hellblau ist nicht gleich hellblau, und Stoff ist nicht gleich Stoff. Die Auswahl an Materialien für ein Hemd ist fast genauso groß wie das Portfolio guter Anzugtuche. Bereits vor Jahrzehnten hat Baumwolle das früher übliche Leinen als Material der Wahl abgelöst. Neben einer größeren Feinheit bei geringerem Volumen lässt sie sich einfacher in modernen Webstühlen verwenden und zu komplexeren Mustern verarbeiten. Die am weitesten verbreitete Webart nennt sich Popeline und zählt zu den geraden Webarten, bei denen sich Kette und Schuss regelmäßig abwechseln. Sie zeichnet sich durch eine glatte und dichte, relativ feste Oberfläche aus, die sich sehr gut für Muster eignet, die auf hohe Brillanz und klare Linien angewiesen sind. Aufgrund seiner wenig abwechslungsreichen Struktur ist Popeline allerdings etwas schwieriger zu bügeln als andere Webarten. Seine hohe Haltbarkeit macht ihn dennoch zum idealen Alltags- und Businessstoff, der in den Kollektionen aller Hemdenhersteller auch entsprechend häufig zu finden ist.

Der an seiner diagonalen Rippenstruktur leicht erkennbare Twill ist dagegen – wie auch sein enger Verwandter namens Fischgrät – sehr bügelfreundlich und ergibt eher weiche Stoffe, die ihre Eleganz vor allem mit einem matten Finish voll ausspielen. Twill eignet sich aufgrund seiner komplexen Bindung nicht für aufwendige Muster, macht jedoch kariert oder gestreift eine sehr gute Figur. Bereits deutlich weniger formell ist der sogenannte Oxford, ein Gewebe mit gleichmäßiger, aber merklich grober und leicht noppiger Struktur. Sie erkennen Oxford sofort am körnigen, trockenen Griff und am höheren Volumen. Ein guter Oxford gibt sich anfangs eher steif, wird aber mit jeder Wäsche weicher und angenehmer. Für sportlichere Hemden passt er wie kaum ein anderes Gewebe. Besonders beliebt ist er in den USA, wo er bei Brooks Brothers Bestandteil des klassischen Button-Down-Hemdes ist. Dessen weicher und lässiger Kragen war ursprünglich fürs Polospiel gedacht und ließ die Hemden des amerikanischen Ausstatters zur Legende werden. Charakteristisch für Oxford ist sein weißer Kettfaden bei farbigem Schuss, eine Kombination, die zu seinem raffiniert melierten Farbspiel beiträgt. Oxfordstoffe sind typischerweise einfarbig oder gestreift, ihre klassischen Farben sind weiß, hellblau und rosa. Ihr sportlicher Charakter macht einen Einsatz im strengen beruflichen Umfeld unmöglich – für alle Garderoben, die nicht mit einem fixen Dresscode verbunden sind, bietet Oxford aber eine ideale Grundlage.

Für die heißen Tage des Sommers eignen sich sogenannte Panamas, also sehr lose verwobene, offenporige Baumwollstoffe. Wer mit dem knitteranfälligen Look gut leben kann, ist allerdings auch mit feinem Leinen gut beraten. Im Gegensatz zu Baumwolle fühlt es sich auf der Haut stets angenehm kühl an und ist insofern auch in der Businessgarderobe sinnvoll einsetzbar. Im Winter dagegen empfiehlt sich ein Gemisch aus Baumwolle und Wolle. Seinen Ursprung hat dieser Stoff in England, wo er fester Bestandteil der traditionellen Jagdkleidung ist. Typischerweise werden für solche Gewebe zwischen 20 und 40 Prozent feiner Wolle verwendet. Die üblichen Dessins für diese Stoffrarität umfassen mehr oder weniger bunte und mehr oder weniger große Karomuster, die gemäß ihrer Herkunft allesamt nur für die Freizeitgarderobe taugen. Einige Hersteller bieten allerdings auch businesstaugliche, einfarbige oder dezent gestreifte Varianten an. In jedem Fall sollten Sie Hemden aus Wolle nicht mit allzu formellen Kleidungsstücken kombinieren, um das Outfit harmonisch zu halten. Ein grob strukturiertes Anzugtuch und eine nicht zu glatte Krawatte sind deshalb Pflicht.

Unabhängig von der Webart gibt es einige einfache Kriterien, an denen Sie einen guten Hemdenstoff erkennen. Zu allererst sollte sich natürlich jeder Stoff ganz einfach gut anfühlen. Wenn das Gewebe eines Hemdes Ihren Fühltest besteht, ist das bereits ein erstes Anzeichen für seine Qualität. Als Nächstes sollten Sie den Stoff knautschen und dehnen. Gute Qualitäten halten beides problemlos aus, schlechte dagegen neigen zum Knittern und Ausleiern. Darüber hinaus sollte sich bei einem gemusterten Stoff das Muster auch auf der Innenseite des Hemdes, also auf der Rückseite des Stoffes, wiederfinden. Hochwertige Dessins sind stets gewebt, nicht einfach nur aufgedruckt. Dass das Muster auf der Innenseite heller ausfällt, ist dagegen normal und rührt von der umgekehrten Verteilung von Kette und Schuss im Vergleich zur Außenseite her.

Vor Hemden, die mit dem Prädikat «bügelfrei» werben, sei an dieser Stelle nachdrücklich gewarnt. Denn ein bügelfreies Hemd gibt es nicht. Ein angenehm einfacher Bügelvorgang wird bei diesen Hemden allerdings dadurch erzielt, dass der Stoff mit verschiedenen Kunststoffen bedampft und die Oberfläche damit versiegelt wird. In einem derartigen Stoff werden Sie im Sommer jedoch leicht ins Schwitzen geraten und im Winter schneller frieren, weil das Gewebe nicht atmen kann. Außerdem reizt diese Form der Stoffausrüstung die Haut. Aus demselben Grund verbieten sich auch sämtliche Stoffe mit Beimengungen von Synthetikfasern – selbst wenn es nur wenige Prozent sind.

Pflege und Reparatur

Von dem berühmten Dandy George Bryan «Beau» Brummel ist überliefert, dass er seiner Leibwäsche zur Pflege ausschließlich reichlich frisches Quellwasser angedeihen ließ – eine Angewohnheit, die den zeit- und kostenintensiven Nachteil hatte, dass seine Hemden erst von London in Richtung Provinz gesandt werden mussten, ehe sie diesem eigentümlichen Waschritual unterzogen werden konnten. Der moderne Mann hat derlei Optionen freilich nicht und muss sich mit weitaus profaneren Pflegeroutinen für seine Hemden zufrieden geben. Immerhin enthält Brummels exzentrische Hemdenwäsche eine wichtige Lektion auch für eine zeitgemäße Hemdenpflege: Auch sie ist im Grunde relativ einfach und bedarf nur weniger Hilfsmittel – diese sollten allerdings die besten sein, die man sich denken kann.

In den meisten Fällen sind Wasser, eine Waschmaschine und ein sehr gutes Waschmittel tatsächlich vollkommen ausreichend, um ein Hemd perfekt sauber zu halten. Sehr gut heißt in diesem Fall, dass das Waschmittel möglichst frei von reizenden Tensiden und giftigen Zusätzen sein sollte. Auch wenn moderne Waschmaschinen den Großteil des Waschmittels wieder aus der Kleidung spülen, bleibt doch immer ein Rest im Gewebe haften – und dieser Rest sollte dann möglichst hautschonend sein. Bio-zertifizierte Waschmittel haben sich qualitativ innerhalb der letzten Jahre massiv verbessert und sind schon wegen ihrer strengen inhaltlichen Beschränkungen sehr zu empfehlen. Konventionelle Vollwaschmittel eignen sich dagegen weniger zur Pflege guter Hemden, weil sie zu viele Reinigungssubstanzen für andere Waschgänge wie zum Beispiel Buntwäsche enthalten, die der Lebensdauer eines Baumwollstoffes nicht unbedingt zuträglich sind. Generell sollten Sie das Waschmittel nicht überdosieren, um Fasern und Umwelt zu schonen. Bei starker Verschmutzung, wie sie mitunter am Kragen und an den Manschetten auftritt, empfiehlt sich eine Vorbehandlung der betroffenen Stellen mit Gallseife.

Einem Hemd, das aus gutem Stoff und hochwertigen Garnen produziert ist, kann eine Wäsche bei 60 Grad nichts anhaben, auch wenn das Etikett oftmals nur eine Waschtemperatur von 40 Grad empfiehlt. Obwohl ein guter Baumwoll- oder Leinenstoff eigentlich auch eine Kochwäsche unbeschadet übersteht, sollten Sie davon allerdings aus Rücksicht auf die Einlagen und Nähgarne besser absehen. Hemden aus Wolle werden dagegen grundsätzlich nicht heißer als bei 30 Grad gewaschen. Nach der Wäsche wird das Hemd noch im nassen Zustand über einen nicht zu dünnen Kleiderbügel gezogen und die obersten drei Knöpfe geschlossen. So entschärfen sich die meisten groben Knitterfalten von selbst, und das Hemd trocknet bereits in seiner späteren Idealform. Gebügelt sollte es werden, noch bevor es vollständig getrocknet ist.

Als berufstätiger Mann werden Sie Ihre Hemden möglicherweise nicht selbst zuhause waschen und bügeln, sondern diese Aufgabe einer Wäscherei oder einem Hemdendienst überlassen. Hier ist allerdings Vorsicht geboten, denn dass man dort mit Ihren Hemden pfleglich oder vorschriftsgemäß umgeht, ist eher die Ausnahme. In der Regel werden Hemden dort in riesigen Trommeln und bei hohen Temperaturen gewaschen, anschließend schnellgetrocknet und maschinell gebügelt. Dazu zieht man das zugeknöpfte Hemd über eine aufblasbare Bügelpuppe, wo es unter Zuhilfenahme von großer Hitze und Dampf innerhalb weniger Sekunden geglättet wird. Kragen und Manschetten durchlaufen eine ähnliche Prozedur unter einer Bügelpresse. Auf empfindliche lose Einlagen kann dort in aller Regel keine Rücksicht genommen werden – wie sollte man auch, bei Reinigungspreisen von einem Euro und weniger je Hemd. Wenn Sie also auf eine Reinigung außer Haus angewiesen sind, sollten Sie nach einer Wäscherei Ausschau halten, die noch selbst reinigt und bügelt, statt ihre Ware an einen anonymen Großbetrieb weiterzuleiten. Fragen Sie nach einer Handbügeloption, um sicherzustellen, dass Sie Kragen und Manschetten ordentlich und faltenfrei zurückbekommen. All dies wird Ihnen zwar mit einem kleinen Aufpreis berechnet – das deutlich bessere Ergebnis lohnt aber den finanziellen Aufwand.

Meist nutzen sich der Kragen und die Manschetten eines Hemdes wesentlich schneller ab als der Rumpf. Diesem Problem können Sie begegnen, indem Sie die verschlissenen Teile gegen Ersatzteile aus weißem Stoff tauschen lassen. So können Sie die Lebensdauer Ihres guten Hemdes mindestens verdoppeln.

Weitere Hemden

Auch wenn Sie Ihr erstes hellblaues Hemd gerade erst gekauft haben, ist die Frage nach weiteren Hemden leicht zu beantworten: hellblau, hellblau und hellblau. Das klingt zunächst seltsamer, als es ist, denn Sie könnten kaum etwas Vernünftigeres kaufen als Ihr Lieblingshemd in mehrfacher Ausführung. Sobald Sie den für Sie optimalen Konfektionsschnitt oder einen kompetenten Hemdenschneider gefunden haben, steht einer im besten Sinne langweiligen Hemdengarderobe nichts mehr im Wege. Abwechslung entsteht schließlich nicht durch ein vermeintlich peppiges Hemd, sondern durch elegante Kombinationen aus Anzug, Hemd und Krawatte. Mindestens drei hellblaue Hemden sollten es für den Anfang sein, weil Sie damit eben fast nie falsch gekleidet sind. Erst danach dürfen nach und nach gestreifte oder dezent karierte Hemden in Ihren Kleiderschrank wandern, vornehmlich allerdings in hellen bis mittleren Blautönen auf weißem Grund. Mit der Zeit werden Sie die subtilen Unterschiede der einzelnen Muster zu schätzen lernen, die die Aufmerksamkeitsschwelle Ihrer Mitmenschen nie ernsthaft überschreiten sollten. Was nützt Ihnen das auffälligste Hemd, wenn dessen Neuheitswert bereits nach wenigen Trageanlässen verflogen ist?

Ist Ihre Hemdengarderobe dann mit einfarbigen und fein gemusterten blautönigen Hemden bestückt, wird es Zeit für die beiden Hemden, die man selten, aber mit schöner Regelmäßigkeit außerhalb des Alltages braucht. Eines davon ist weiß und unterscheidet sich in seinen Details nicht notwendigerweise von Ihren übrigen Hemden. Wählen Sie einen weißen Popeline von nicht zu geringem Gewicht, damit er am Körper nicht halb durchsichtig wird. Umschlagmanschetten eignen sich für ein solches Hemd am besten, weil ihr höherer Grad an Formalität dessen Trageanlässen angemessen ist.

Außerdem ist kein Kleiderschrank komplett ohne ein Smokinghemd. Dieses unterscheidet sich in einigen wichtigen Details von allen anderen Hemden. Häufig wird es mit dem Frackhemd verwechselt, bisweilen werden die Attribute beider sogar versuchsweise in einem Hemd vereint – ein Unterfangen, das zum Scheitern verurteilt ist. Denn während das Frackhemd das formellste Hemd darstellt, das dem Mann zur Verfügung steht, leitet sich das eigentliche Smokinghemd vom formal darunter angesiedelten Tages- oder Businesshemd ab. Schnitt und manche Details orientieren sich also an einem Hemd, wie wir es bisher kennengelernt haben.

Das Smokinghemd wird ausschließlich mit Umschlagmanschetten getragen, nie mit den gestärkten einfachen Frackmanschetten oder gar der Knopfmanschette eines sportlichen Hemdes. Sein Kragen ist ein weicher Umlegekragen und somit von dem eines Businesshemdes nicht zu unterscheiden – der gestärkte Steh- oder Kläppchenkragen bleibt dagegen dem Frackhemd vorbehalten. Die Brust eines Smokinghemdes ist nicht glatt und erst recht nicht aus gestärktem Piqué, wie es sich für ein Frackhemd gehört, sondern in vertikale, von der Knopfleiste ausgehende Falten gelegt. Wie prächtig diese Faltung ausfällt, bleibt dem eigenen Geschmack überlassen, wobei die großformatig gefältelte oder sogar gerüschte Hemdbrust ihren Platz in den späten 1960er und frühen 1970er Jahren hat und dort am besten auch bleiben sollte.

Obwohl wie gesagt ein Smokinghemd niemals Elemente eines Frackhemdes entlehnen sollte, ist es doch möglich, zum Smoking ein genuines Frackhemd zu tragen. Diese Praxis rührt aus einer Zeit, als der Smoking eine noch junge Erfindung war und sich der Mann, der nicht durch Erbe oder Arbeit mit großzügigen finanziellen Mitteln gesegnet war, nicht ohne Weiteres ein spezielles Smokinghemd leisten konnte.

Wenn man bis hierher gelesen hat, kann man leicht auf die Frage verfallen, ob für eine sinnvoll aufgestellte Garderobe eine stattliche Anzahl guter Hemden nötig ist. Die finanziell schmerzhafte Antwort darauf lautet: Ja. Da kein anderer Teil der Oberbekleidung – und dazu darf man das Hemd mittlerweile guten Gewissens zählen – derart häufig einer Reinigung bedarf, ist ein solider Hemdenvorrat unerlässlich. Folgende einfache Formel hilft Ihnen dabei zu errechnen, wie viele Hemden Ihr Kleiderschrank umfassen sollte: Multiplizieren Sie die Anzahl der Wochentage, an denen Sie üblicherweise ein Hemd tragen, mit zwei, wenn Sie Ihre Hemden selbst waschen und bügeln – so können Sie einmal pro Woche waschen und haben stets eine ausreichend große Reserve im Schrank. Wenn Sie Ihre Hemden dagegen einer Wäscherei oder einem Hemdendienst überlassen, sind wegen der mitunter auftretenden Verzögerungen und des höheren Verschleißes größere

Vorräte nötig. Multiplizieren Sie in diesem Fall die Zahl Ihrer Hemdentage pro Woche besser mit drei, um für alle Fälle gerüstet zu sein.

Die mittelgraue Krawatte

Blue with grey and grey with blue, so lautet in England eine Faustregel für die Businesskleidung des Mannes. Doch nicht nur die Banker, Börsenmakler und Anwälte in der Londoner City und im eleganten West End sind mit diesem Leitsatz gut beraten. Auch Sie, der Sie vielleicht in diesem Moment über die vermeintliche Simplizität dieser Regel schmunzeln, tun gut daran, sich an ihr zu orientieren, denn es lassen sich zwei einfache Grundsätze daraus ziehen: Einerseits ist eine einzige Farbe oft zu wenig, um einen gut angezogenen Eindruck sicherzustellen. Blau würde sich dafür zwar eignen, ist aber in Reinkultur schwerer zu meistern, als es zunächst den Anschein haben mag. Zwei Farben sind andererseits aber fast immer vollkommen ausreichend für ein gelungenes Outfit, wenn man nur weiß, wie sie optimal eingesetzt und kombiniert werden. Schließlich beziehen auch der Smoking und der Frack – ohne Frage die elegantesten Kleidungsstücke, die ein Mann überhaupt tragen kann – einen nicht zu leugnenden Anteil ihres in sich ruhenden Eindrucks aus einer solchen Reduktion auf zwei Farben: Schwarz und Weiß. Und jeder Versuch, diese beiden Ensembles durch vermeintlich originelle Accessoires wie etwa eine auffallend farbige oder gar gemusterte Schleife aufzupeppen, bewirkt nur das Gegenteil des Gewollten – der Träger sieht damit nicht frisch oder originell aus, sondern schlicht bemüht und immer ein wenig lächerlich. Sicher haben Sie noch von Ihrem letzten Ballbesuch einen solchen Witzbold vor Augen. Dass Sie auch dezente Akzente setzen können, versteht sich von selbst und wird im Kapitel über den Smoking noch ausführlicher zu besprechen sein.

Doch bevor wir zu weit vom Thema dieses Kapitels abschweifen – zurück zur Theorie der zwei Farben. Wenn man Grau und Blau als diejenigen Varianten von Schwarz und Weiß betrachtet, die fürs Tageslicht geeignet sind, wird es bestimmt für den Novizen der guten Garderobe keine schlechte Idee sein, es vorerst bei der Kombination dieser beiden Farben zu belassen. Zu einem dunkelblauen Anzug, kombiniert mit einem hellblauen Hemd, ist die mittelgraue Krawatte also das Accessoire der Wahl.

Vom Halstuch zur Krawatte

Die heute stark schematisierte Form der Krawatte entwickelte sich einst aus einem simplen Stück Stoff, das im Laufe der Geschichte mal primitiv, mal kunstvoll, aber immer nur aus Dekorationsgründen um den Hals – und später um den Hemdkragen – gebunden wurde. Schon aus dem alten China und dem Rom der Antike gibt es vereinzelte Hinweise auf Stoffstreifen oder -bahnen, die zu besonderen Anlässen als Halsschmuck getragen wurden. Etwas konkreter wird es dann erst mit der Entstehungslegende des heutigen Namens für das Accessoire. Kroatische Soldaten in Paris sollen um 1635 die Mode eines farbigen Halstuches eingeführt haben. Dieses geknotete Tuch fand unter dem Namen «Croate» rasch Verbreitung und setzte schon wenige Jahrzehnte später nach England über, wo es von King Charles II adaptiert wurde. Spätestens als das kroatische Tuch fester Bestandteil der Garderobe europäischer Dandys wurde – und nicht selten ein Ausdruck ihres Selbstverständnisses, sollte der kunstvoll geknüpfte Knoten doch stets so wirken, als wäre er zufällig entstanden oder wenigstens von nachlässiger Hand geschlungen –, fand die Krawatte Eingang in den Kanon der modernen Herrenkleidung: bis heute.

Die Entstehungsgeschichte der Krawatte zeigt, dass sie eines der dreifach gefaltet   siebenfach gefaltet

Four-in-Hand

wenigen Kleidungsstücke für Männer ist, denen eigentlich keine Funktion zukommt. In ihrer üblichen Form war die Krawatte immer nur Schmuckstück. Das hat sie freilich nicht vor einer beispiellosen soziologischen, psychologischen und sogar politischen Aufladung ihrer Symbolkraft verschont. Von der politischen Linken als Zeichen mangelnder Gerechtigkeit, von jungen Karrieretypen als Abzeichen ersten Erfolgs und von Althippies als Accessoire gewordene Engstirnigkeit interpretiert, fallen der Krawatte neuerdings sogar mehr und mehr Herrenausstatter in den Rücken, die ihren nahenden Tod mangels gesellschaftlicher Bedeutung prophezeien.

Bei all dem sollte man aber eines nicht vergessen: Zur Krawatte gibt es nach wie vor keine ernstzunehmende Alternative, wenn es darum geht, einen eleganten Übergang zwischen Hals, Hemd und Sakko herzustellen. Gut möglich also, dass die Krawatte eben nicht den Weg auf den Kleiderfriedhof einschlägt, sondern sich dorthin bewegt, wo es sich schon andere längst für tot erklärte Accessoires des kultivierten Lebens wie etwa der Füllfederhalter oder die mechanische Armbanduhr bequem machen: in eine Nische namens Luxus. Statt dem überall verfügbaren, günstigen Massenbinder aus Serienproduktion könnte es künftig hauptsächlich seltene, aufwendig von Hand hergestellte und entsprechend teure Nobelkrawatten für eine kaufkräftige und an Verfeinerung interessierte Kundschaft geben. Bis es so weit ist, bleibt nur zu betonen, dass heutzutage jedes Ausführen einer Krawatte in Gefilde, wo sie nicht unbedingt erforderlich ist, als aktiver Artenschutz gelten muss und damit höchster Ehren wert ist.

Die heutige Form der Krawatte hat wie schon angedeutet nur noch sehr wenig mit ihrem historischen Vorbild gemeinsam. Üblicherweise besteht eine Krawatte aus drei unterschiedlich zugeschnittenen Teilen Oberstoff aus Seide, Leinen, Baumwolle oder Wolle, einer oder mehrerer Schichten Einlagematerial aus Wolle, Baumwolle, Leinen oder Kunstfaser sowie zwei kleinen dreieckigen

Stücken Futter aus Seide oder Viskose. Die Teile des Oberstoffes werden an ihren Schmalseiten zusammengenäht und die Enden des so entstandenen Stoffstreifens mit den beiden Dreiecken aus Futterstoff gesichert. Dieses Konstrukt wird nun mehrfach lose um die Einlagematerialien herum gefaltet. Je höher die Anzahl der Falten, desto teurer die fertige Krawatte – schließlich erfordern viele Falten ein beträchtliches Mehr des teuren Oberstoffes.

Im Anschluss erfolgt der aufwendigste und heikelste Arbeitsgang: Das gefaltete Stoffpaket wird rückwärtig entlang der Mittellinie mit einem einzigen langen Seidenfaden zusammengenäht. Dabei darf das Nähgarn auf keinen Fall reißen, weil nur ein intakter Faden die Krawatte auf Dauer zusammenhält. Bei einer üblichen Länge von etwa 150 Zentimetern könnte man durchaus von einer gewaltigen technischen Herausforderung sprechen. Diese ist umso bemerkenswerter, als die Naht an der fertigen Krawatte nicht mehr zu sehen ist. Zieht man die Mittelfalte auf der Rückseite einer Krawatte vorsichtig auseinander, kommt die Naht als dünne Zickzacklinie zum Vorschein. Im letzten Schritt wird die Krawatte gebügelt. Hier muss der Hersteller abermals besondere Sorgfalt walten lassen, denn bereits geringfügig zu großer Druck oder zu hohe Hitze an der falschen Stelle kann das mühevoll erzeugte, lebhafte Volumen einer perfekten Krawatte für immer ruinieren.

Materialien

Der Oberstoff einer guten Krawatte besteht wie gesagt aus Seide, Wolle, Leinen oder Baumwolle – in jedem Fall also aus einer reinen Naturfaser. Synthetische Fasern bieten nicht dieselbe Kombination aus Elastizität, luxuriöser Haptik und exakter Farbwiedergabe, die für die Herstellung eines guten Binders von so großer Bedeutung ist. Das mit weitem Abstand am häufigsten verwendete Material ist Seide. Diese Naturfaser, die man aus dem Kokon der Raupe des Maulbeerspinners gewinnt, lässt sich beliebig einfärben und in zahllosen Varianten zu einem erstaunlich reißfesten Gewebe verarbeiten. Früher galt Krefeld als die einflussreichste Seidenstadt, heute dagegen befinden sich die renommiertesten Webereien in England und rund um den Comer See in Italien.

Unter den ungezählten Webarten, in denen Krawattenseide produziert werden kann, ist der Twill die bedeutendste. Wie schon beim gleichnamigen Hemdenstoff oder Anzugtuch erkennen Sie diese Webart an ihrem charakteristischen diagonal gestreiften Webbild und dem dezenten Glanz. Seidentwill ist umso hochpreisiger, je schwerer der Stoff ist, weil jedes Gramm den Einsatz teuren Rohmaterials bedeutet. Die besten Krawattenhersteller verarbeiten luxuriöse Qualitäten mit einem Materialgewicht von bis zu 50 Unzen pro Quadratmeter. Eine solche Krawatte ist bei guter Verarbeitung und sachgerechter Pflege eine Anschaffung fürs Leben und sollte in keinem eleganten Kleiderschrank fehlen.

Muster verschiedener Art können entweder direkt in den Oberstoff eingewebt oder aber aufgedruckt werden. Keine der beiden Techniken ist per se besser als die andere – die Muster, die damit erzeugt werden, unterscheiden sich allerdings deutlich. Während bei einem Großteil der karierten, gepunkteten und symmetrisch gemusterten Krawattenstoffe die Muster gewebt sind, kommt für Paisleys, kleinteilige Muster und große Motive überwiegend die Drucktechnik zum Einsatz. Für beide Fälle gilt: Die besten Muster werden in aufwendiger Handarbeit hergestellt. Unter den Motivkrawatten gibt es eine Reihe großer Klassiker. Die Spitalsfield-Krawatte gilt mit ihrem kleinen geometrischen Webmuster als Inbegriff der formellen Tageskrawatte zum Cutaway oder Stresemann. Handbedruckte Gumtwills, die lediglich mit natürlichen Pigmenten aus Krapp, Färberwau und Färberwaid bearbeitet und anschließend mit einer Kautschuktinktur haltbar gemacht werden, passen dagegen mit ihren typischen Blümchen- oder Paisleymustern ideal zu sportlichen Anzügen und Sakkos aus grobem Tweed.

Eine herausragende Seidenqualität erkennen Sie übrigens ganz leicht – durch Anfassen. Viele Hersteller versuchen, Krawatten aus minderwertiger, dünner Seide durch entsprechend voluminöse Einlagen aufzuwerten. Eine so konstruierte Krawatte wird jedoch nie so einfach zu binden sein wie ihr hochwertiges Pendant und unter Ihrem Hemdkragen schwer baumeln. Lassen Sie sich von derlei Blendwerk nicht täuschen und heben Sie im unteren Drittel der Krawattenvorderseite den Oberstoff von der Einlage ab, um ihn mit den Fingerspitzen zu befühlen. Gute Seide fühlt sich auch entsprechend gut an: Sie ist weich und fließend, gleichzeitig aber dicht, sprungelastisch und voluminös und knittert nur sehr wenig. Eine gewichtige Qualität macht schwere Einlagen überflüssig.

Qualitäten und Preise

Die besten Krawatten sind handgenäht und handgefaltet, ihre Materialien sind einzeln von Hand zugeschnitten. Die Hochwertigkeit ihrer Produkte versuchen einzelne Hersteller darüber hinaus auf unterschiedliche Weise hervorzuheben. In Manufakturen englischer oder französischer Tradition etwa stehen seit jeher die exakte Verarbeitung, überragende Seidenqualitäten – teilweise auf alten, langsam arbeitenden Handwebstühlen exklusiv für den jeweiligen Cravatier produziert – und besonders feine, nahezu unsichtbare Nähte im Mittelpunkt. Vor allem italienische Produzenten spezialisieren sich hingegen auf vielfach gefaltete und gänzlich ohne Einlagen und Futter verarbeitete Preziosen. Anstatt mit Futterseide gesichert zu sein, werden die Kanten dieser Krawatten wie die von guten Taschentüchern mühevoll handrolliert, die fehlenden Einlagen werden durch entsprechend viele Faltungen des Oberstoffes kompensiert.

Den ohne Zweifel größten Ruf in dieser Kategorie der Krawattenfeinarbeit genießt die siebenfach gefaltete Variante. Wenn auch technisch gesehen bis zu zehn Falten möglich sind, haftet keiner anderen Krawattenform ein derartiger Kultstatus an. Allerdings gehört die Vorstellung, die siebenfach gefaltete Krawatte werde gänzlich aus einem einzigen, quadratischen Stück Seide hergestellt, ins Reich der Mythen. Tatsächlich wäre es nahezu unmöglich, der Krawatte auf diese Art ihre typische, vorne und hinten unterschiedlich breite Keilform zu verleihen. Der Oberstoff muss also auch für diese Krawatte in mindestens zwei, typischerweise sogar drei Stücke zerschnitten und an den Seiten bereits rudimentär in Form gebracht werden, um später das gewünschte Aussehen zu erzielen.

Jede hochwertige Krawatte verfügt auf der Rückseite des dünnen Endes über eine sogenannte Zugschlaufe, die aus dem Ende des Nähgarns gearbeitet ist und beim Knoten der Krawatte vor Überspannung schützt. Eine solche Krawatte kostet selten weniger als 100 Euro und ist für weniger Geld auch nicht ökonomisch sinnvoll zu produzieren.

Die beschriebenen Luxusvarianten machen allerdings nur einen geringen Teil der Gesamtproduktion von Langbindern aus, wie die Krawatte in der Bekleidungsindustrie auch genannt wird. Die weitaus größere Zahl wird unter Bedingungen hergestellt, die einen oder mehrere der mitunter zeitintensiven Arbeitsschritte zu rationalisieren versuchen. Die allermeisten Krawatten sind deshalb nicht von Hand, sondern maschinell gefaltet. Eine dreifache Faltung ist hier üblich und stellt somit die insgesamt häufigste Krawattenform dar. Jedoch sind dreifach gefaltete Krawatten nicht zwangsläufig maschinell hergestellt. So wird in einigen berühmten englischen Manufakturen fast jede Krawatte nur dreifach gefaltet. Die überlegene Herstellung in reiner Handarbeit macht eine solche Krawatte dennoch zu einer der gesuchtesten und besten weltweit.

Ein geübtes Auge erkennt die maschinell gefaltete Krawatte übrigens an deren exakteren Kanten, die oft mit einem geringeren Volumen und einem weniger lebhaften Gesamteindruck einhergehen. Eine maschinell gefaltete Krawatte, deren Rückennaht von Hand genaht wurde, darf sich noch immer handgenäht nennen, auch wenn sie tatsächlich nur zu einem sehr geringen Teil von Hand hergestellt wurde. Beim Herrenausstatter bekommen Sie solche Krawatten für etwa 50 Euro. Beide Grundvarianten, die handwerklich und die industriell produzierte Krawatte, haben ihre Berechtigung – nicht zuletzt weil sie unterschiedliche Budgets bedienen.

Ein weiterer kostensparender Produktionsschritt ist die maschinelle Ausführung der rückwärtigen Naht. Neben einer kürzeren Nähzeit pro Krawatte kann auf diese Weise – die richtige Einstellung der Maschine vorausgesetzt – auch die Ausschussquote minimiert werden, weil sich unsaubere oder gerissene Nähte eher vermeiden lassen. Gerade in Häusern, die große Stückzahlen produzieren und verkaufen, ist diese Verarbeitungsvariante anzutreffen. Hier wird häufig das Fadenende einfach mit der Einlage vernäht, anstatt es wie bei hochwertigen Krawatten als Zugschlaufe zu verarbeiten.

Eine solche Krawatte darf sich nicht mehr handgenäht nennen, was ihren Verkaufspreis deutlich senkt. Eine maschinell ausgeführte Rückennaht findet sich auch ausschließlich an maschinell gefalteten Krawatten, niemals an solchen, die von Hand gefaltet wurden. Die rudimentäre Handarbeit, die in diese Krawatten fließt, schlägt sich häufig in ihrem geringen Preis nieder. Bereits für 15 Euro sind sie im Handel erhältlich, wobei die Qualität stark variiert. Für weniger als 15 Euro dürfen Sie dagegen mit nicht viel mehr als einem Oberstoff aus schlechter Seide oder gar Kunstfaser, synthetischen Einlagen, Garnen und Futtern sowie einer vollständig maschinellen Verarbeitung rechnen. Solche Exemplare erkennt auch der Laie an ihrem platten, leblosen Charakter, der steifen Struktur und einer wenig angenehmen Haptik.

Die Strickkrawatte

Eine Sonderstellung in Sachen Konstruktion kommt der Strickkrawatte zu. Im Gegensatz zu ihren Verwandten verfügt sie weder über Einlagen noch über Futter und wird auch nicht in vergleichbarer Form gefaltet. Das Garn, aus dem sie hergestellt ist, kann aus Wolle, Seide, Leinen, Baumwolle oder einem Gemisch dieser Fasern bestehen. Ihre typische zweilagige Form entsteht entweder im Rundstrickverfahren oder aber, indem eine flach gestrickte Bahn, die doppelt so breit wie die endgültige Krawatte ist, schlauchförmig zusammengenäht wird. Die letztere Variante ist besonders bei handgefertigten Krawatten der Luxusklasse anzutreffen und dementsprechend teuer – das Gestrick wird hier in aller Regel von Hand zusammengenäht, was das fertige Produkt weniger empfindlich für Spannungen durch einen Krawattenknoten macht. Die rückwärtige Naht weist eine Strickkrawatte also entgegen einer weit verbreiteten Annahme als qualitativ oder zumindest dem Herstellungsaufwand nach überlegen aus.

Die Oberteile von Strickkrawatten werden nicht wie der Oberstoff anderer Krawatten diagonal aus einem Stück Stoff herausgeschnitten, und so muss ihr unteres Ende auch nicht spitz zulaufen. Die Strickkrawatten der meisten Produzenten weisen deshalb das für diese Art Binder charakteristische gerade Ende auf. Einige wenige Manufakturen bieten jedoch auch die einer gewebten Krawatte nachempfundene Variante an, bei der das Ende spitz zuläuft. Diese Form zeugt hier von dem Willen, die Qualität der Krawatte durch zusätzliche Produktionsschritte nochmals zu steigern. Die fertige Strickkrawatte wird wie auch ihre gefalteten Pendants zum Abschluss gebügelt, wobei wiederum penibel darauf geachtet wird, die Kanten nicht vollständig flach zu drücken und so einen lebhaften Eindruck zu erhalten.

Die Herstellung auf speziellen Strickmaschinen begrenzt begreiflicherweise die Musterauswahl der Strickkrawatte erheblich. Die meisten dieser Binder sind einfarbig oder quer gestreift. Jedoch sind auch kleine mehrfarbige Muster möglich und erhältlich. Bei Kennern besonders beliebt ist die getupfte Strickkrawatte, bei der die Punkte nach Fertigstellung der Krawatte mit kontrastierendem Garn aufgestickt werden. Die besten solchen Krawatten sind wiederum handbestickt, was sich natürlich im Kaufpreis niederschlägt.

Eine gute Strickkrawatte erkennen Sie zu allererst an ihrem gleichmäßigen, fehlerfreien Maschenbild, das nicht zu flach oder eintönig aussehen darf, damit es im getragenen Zustand entsprechend abwechslungsreich wirkt. Hochwertiges Seidengestrick zeichnet sich neben seiner lebhaften Struktur und dem körnigen Griff aber vor allem durch ein typisches Knirschen aus, wenn man es zusammendrückt – man nennt das Geräusch den «crie de la soie», wörtlich übersetzt: den Schrei der Seide. Alle guten Strickbinder weisen außerdem an beiden Enden einen wenige Millimeter breiten Abschluss aus gestrickten Längsrippen auf. Die besten ihrer Art, auf alten Strickmaschinen sehr langsam produziert, von Hand geschlossen und bestickt, schlagen im Handel mit etwa 70 Euro zu Buche. Einfachere Strickkrawatten, die beispielsweise rundgestrickt oder maschinell vernäht sind, kann man bereits für etwa 30 Euro bekommen.

In den letzten Jahrzehnten war die Strickkrawatte etwas in Verruf geraten. Nach einem kurzzeitigen Höhenflug in den 1970er Jahren konnte sie das mit dieser Ära verknüpfte Image von Hippietum und Nachlässigkeit nicht ablegen und war in der Folgezeit aus den Regalen der Herrenausstatter beinahe vollständig verschwunden. Mit der zur Zeit im Aufschwung begriffenen Begeisterung für klassische Kleidung beginnt jedoch auch die Strickkrawatte wieder an Popularität zu gewinnen – vollkommen zu Recht, eignet sie sich doch hervorragend als Alternative zur gefalteten Krawatte in zahlreichen Kombinationen. Besonders die einfarbige oder getupfte

Strickkrawatte ergänzt den strengen Businessanzug um ein kleines Augenzwinkern, während sich geringelte oder kräftig gemusterte Exemplare bestens mit Tweedjacken und Flanellhosen vertragen.

Einsteigern sei geraten, sich zuerst mit einer einfarbigen Variante aus Seide, vorzugsweise in Bordeauxrot, zu versuchen. Dieser relativ neutrale Ton bringt den Charakter des Gestricks gut zur Geltung, ohne dass die Krawatte dabei gleich zu viel von ihrer Formalität einbüßt. Dass der Knoten einer Strickkrawatte ungeübten Fingern etwas schwieriger glückt als der einer gefalteten Krawatte mit stabilisierender Einlage, ist übrigens ganz normal und braucht Sie nicht weiter zu stören. Schließlich sollte der leicht unkonventionelle Charakter dieses Krawattentyps nicht durch einen allzu perfekten Knoten konterkariert werden.

Knoten

Auch wenn die einschlägige Literatur (wie auch das Internet) mit zahlreichen Bindeanleitungen gespickt ist – der einzige Krawattenknoten, den der gut angezogene Mann beherrschen muss, ist der sogenannte Four-in-Hand. Er besteht nur aus vier einfachen Schritten und ist deshalb leicht zu erlernen. Aufgrund seiner Bindeweise ist er immer leicht asymmetrisch, was ihn entspannter und natürlicher wirken lässt als gleichmäßigere Knotentypen. Vermeiden Sie alle Knotenformen, die dick oder besonders voluminös sind. Der Knoten Ihrer Krawatte sollte niemals so groß sein, dass er von Ihrem Gesicht ablenkt. Die häufig vertretene Meinung, der Krawattenknoten müsse den Raum zwischen den Kragenschenkeln des Hemdes ausfüllen, ist Unsinn. Tatsächlich sieht ein Four-in-Hand auch zum weit gespreizten Haikragen wesentlich besser aus als dickere Knoten. Binden Sie Ihre Krawatten nicht vor, sondern knüpfen Sie den Knoten vor jedem Tragen neu. Nach dem Tragen sollte der Knoten gelöst und die Krawatte zusammengerollt werden, damit sich die Seide wieder entspannen kann. Etwaige Falten glätten sich dabei von selbst.

Pflege

Leider kann auch die hochwertigste Krawatte nur sehr schlecht gereinigt werden. In jedem Fall sollten Sie mit der Pflege Ihrer Binder ausschließlich darauf spezialisierte Betriebe betrauen. Fragen Sie hier am besten Ihre bevorzugte Textilreinigung nach einer Empfehlung. Doch auch die beste Krawattenreinigung kann die meisten schweren Verschmutzungen nicht entfernen. Da Seide dazu neigt, Flüssigkeiten aufzusaugen, ziehen Flecken oft tief ins Gewebe ein und bleiben dort haften. Fetthaltige Flüssigkeiten können außerdem Farben aus der Seide lösen, so dass auch bei erfolgreicher Fleckenentfernung eine helle Verfärbung im Gewebe zurückbleiben kann. Der beste Tipp zur Pflege einer Krawatte lautet deshalb: Achten Sie darauf, sie gar nicht erst zu verschmutzen! Ist der Fleck erst einmal im Stoff, kommt für viele Krawatten jede Hilfe bereits zu spät. Falls Sie dazu neigen, Ihre Krawatten häufiger zu verschmutzen als andere Männer, sind Sie mit etwas günstigeren Bindern besser beraten als mit solchen der Spitzenklasse.

Weitere Krawatten

Mit einer gefalteten Krawatte aus einfarbigem mittelgrauen Seidentwill und einer bordeauxfarbenen Seidenstrickkrawatte sind Sie für den Anfang bestens versorgt. Mit der Zeit wird die Auswahl von lediglich zwei Bindern allerdings etwas öde werden. Und tatsächlich stellt die Krawatte eine relativ günstige Möglichkeit dar, ein ansonsten gleich bleibendes Outfit zu variieren. Leider verfallen aber allzu viele Männer auf die absurde Idee, eine atemberaubend große Auswahl vermeintlich origineller Krawatten würde zu einem gut angezogenen Gesamteindruck beitragen. In Wirklichkeit ist oft genug das Gegenteil der Fall. Deshalb sei an dieser Stelle zu einer übersichtlichen persönlichen Krawattenkollektion, bestehend aus einigen hochwertigen und zeitlosen Stücken, gemahnt.

Wer die einfarbige Krawatte gemeistert hat, kann den Schritt zum Muster wagen – auch wenn viele in Kleiderfragen erfahrene Männer auf dem Höhepunkt ihrer stilistischen Entwicklung zur Einfachheit der einfarbigen Krawatte zurückkehren und ihr bis ans Lebensende die Treue halten. Das soll Sie freilich nicht davon abhalten, mit Mustern zu experimentieren. Einen guten Ausgangspunkt bietet die graue Glencheck-Krawatte. Das Glencheck-Muster mit seinem typischen mehrfachen Karo kennen Sie ja bereits von den Anzugtuchen. In etwas kleineren Dimensionen und in Seide gewebt hat es auch bei der Krawatte seine Berechtigung. Die graue Glencheck-Krawatte zählt zu den Klassikern für die festliche Tagesgarderobe, kann aber auch zu einem Businessanzug gut aussehen, egal ob dieser einfarbig oder dezent gestreift ist. Mit einem Glencheck-Anzug sollte sie freilich nicht kombiniert werden, wenn Sie Ihren Gesprächspartner nicht hypnotisieren wollen.

Mit der nächsten Krawatte bewegen wir uns auf der Formalitätsskala einen großen Schritt abwärts. Hier warten bedruckte Seidentwills auf ihren Einsatz. Ihre Muster sind meist floral inspiriert und mehr oder weniger offensichtlich geometrisch angelegt. Von ihrer schönsten Ausprägung war hier bereits die Rede: Gumtwill oder Madder Silk. Aufgrund seiner natürlichen Herstellungsweise altert dieses Gewebe besonders würdevoll und zeigt seinen wahren Wert erst nach einigen Jahren Tragezeit. Achten Sie auf die Bezeichnung «Real Ancient Madder» auf dem Etikett oder fragen Sie danach, denn nur Stoffe mit diesem Prädikat sind noch nach der althergebrachten Methode produziert. Moderne Varianten sind nichts anderes als einfache Drucke in Farben, die dem Original nachempfunden wurden.

Die diagonal gestreifte Krawatte liegt in ihrer Formalität zwischen der Glencheck-Krawatte und der Madder Tie. Sie wird allerdings in ihrer häufigsten Form hoffnungslos überschätzt. Der gleichermaßen verbreitete wie berüchtigte Dreisprung des Grauens aus braun meliertem Anzug, pastellfarbenem Hemd und Ton in Ton gestreifter Krawatte, den man besonders in mittelmäßigen Kaufhäusern häufig antrifft, bezieht einen nicht zu vernachlässigenden Teil seiner Schrecklichkeit aus eben jenem Binder. Ihre funktionale Berechtigung hat die gestreifte Krawattenseide in englischen Clubs, Regimentern, Schulen und Universitäten, wo sie als um den Hals getragene Uniform die Wappenfarben der jeweiligen Institution zur Schau stellt. Die in anderen Ländern üblichen Phantasiestreifen stellen einen mehr oder (oft genug) weniger geglückten Versuch dar, diese Ästhetik zu kopieren. Eine gute gestreifte Krawatte hat eher dezente Streifen, keinesfalls in vier oder mehr Farben. Sie wird nicht Ton in Ton, sondern deutlich kontrastierend zum Hemd kombiniert, weshalb sich ein eher dunkler Untergrund der Seide anbietet. Dunkle Blau-, Grün- oder Rottöne sind eine sichere Wahl.

Der dunkelbraune Halbschuh

Ein Schuhtick wird gemeinhin ja vor allem der vereinten Damenwelt nachgesagt. Pustekuchen! Tatsächlich ist der Spleen, Unmengen von Schuhen zu kaufen und zu horten, unter Männern mindestens genauso verbreitet. Schlimmer noch: Ein Schuhtick ist für den Mann oft erheblich zeit- und kostenintensiver, als er es für Frauen ist. Die Gründe hierfür liegen einerseits im häufig höheren Preis für ein Paar guter Herrenschuhe und andererseits in der vergleichsweise aufwendigeren Reparatur- und Pflegeroutine. Diese wiederum setzt ein gewisses Maß an Sach- und Materialkenntnis seitens des Schuhbesitzers voraus. All das hat beim guten Herrenschuh seine volle Berechtigung, wie Sie ein wenig später noch sehen werden. Zunächst jedoch ein paar Worte dazu, wie der heutige Schuh überhaupt entstand – und zu der kuriosen Frage, weshalb wir heute fast ausnahmslos nur halbe Schuhe tragen.

Schuhe sind eines der ältesten Kleidungsstücke überhaupt. Bereits unsere Urahnen trugen, als sie noch Beeren sammelten und Höhlen bemalten, eine Art rudimentären Schuh. Dieser war natürlich relativ einfach in seiner Konstruktion und auch nicht unbedingt das, was man heute gesund nennen würde. Er kam dem, was wir als Mokassin bezeichnen, sehr nahe und hatte in der Regel keine Sohle, sondern war ähnlich aufgebaut wie eine Kurzsocke, also weich, formlos und aus einem Stück. Im Mittelalter entstand dann die Grundlage des heutigen Schuhmacherhandwerks: Mehrere Teile, darunter der Schaft und die Sohle, wurden nun mithilfe einer hölzernen Fußnachbildung, dem sogenannten Leisten, verbunden. Der

Leisten gibt dabei dem Schuh seine spätere Form, verbleibt aber nicht im Schuh. In der Anfangszeit war er symmetrisch, der gleiche Leisten konnte also für beide Füße verwendet werden. Allerdings wurde den Schuhmachern schnell klar, dass dies für den Tragekomfort nicht ausreichend war.

Alle Schuhe, die heutzutage in der klassischen Herrengarderobe kanonisiert sind, gehören zur Gruppe der Halbschuhe. Dieser Name, der eigentlich reichlich seltsam klingt, hat seine Begründung darin, dass Mann früher ausschließlich Stiefel trug. Als dann die heute gängigen Schuhmodelle, die erst unterhalb der Fußknöchel beginnen, in Mode kamen, nannte man sie, entsprechend der Materialmenge im Vergleich zum Vorgängermodell, Halbschuhe.

Vor allem drei Länder sind heute für ihre Schuhmachertradition bekannt: England als Hochburg des rahmengenähten Maßschuhs, Österreich mit seinen holzgenagelten Modellen und Italien, dem wir leichte und elegante Formen zu verdanken haben. Doch auch in Frankreich entstehen hervorragende Schuhe, die englische Verarbeitung mit italienischem Flair zu verbinden versuchen.

Schuhtypologie heute

Alle klassischen Herrenschuhe lassen sich einem von drei Grundmodellen zuordnen: Oxfords, Derbies und Loafer. Diese drei Schuhtypen unterscheiden sich zunächst in der Art ihrer Schnürung. Beim Oxford sind die sogenannten Schnürblätter geschlossen, also von unten her zugenäht. Er ist der formellste Schuhtyp und passt am besten zum Anzug. Derbies erkennen Sie dagegen an ihrer offenen Schnürung, die oben auf dem Schaft aufliegt. Sie sind weniger formell als Oxfords und passen am besten zu Kombinationen und Anzügen aus sportlichen Tuchen. In Sachen Einsatzfähigkeit ist der Derby das Multitalent Ihrer Schuhgarderobe, doch dazu später

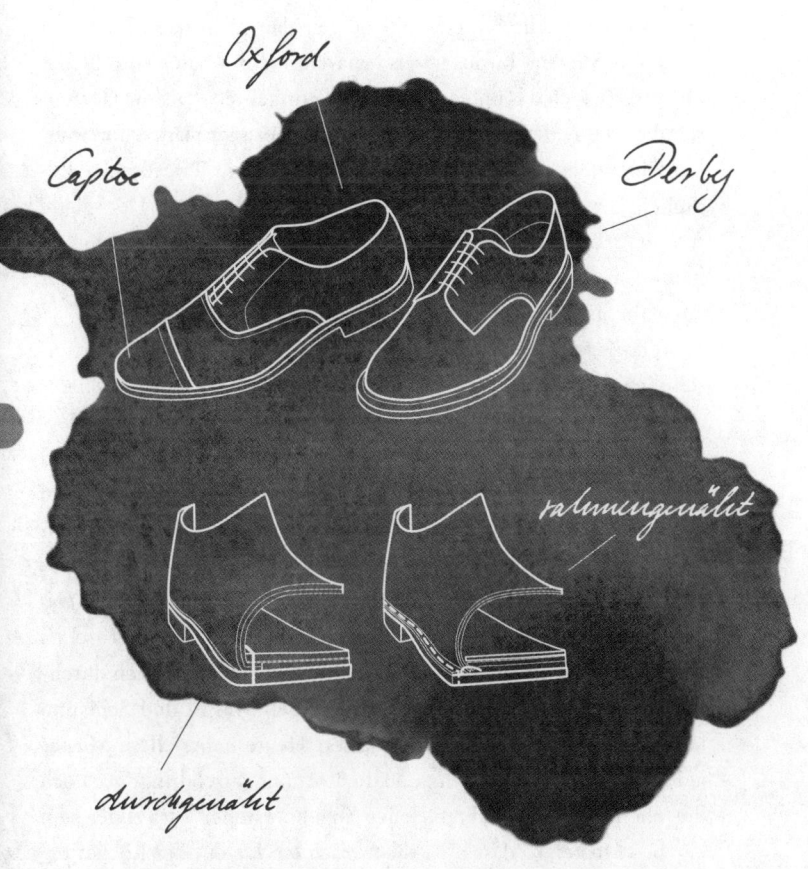

Oxford

Captoe

Derby

rahmengenäht

durchgenäht

mehr. Loafer sind am einfachsten zu erkennen, da sie überhaupt keine Schnürung haben – man schlüpft einfach in sie hinein. Die häufig verwendete Bezeichnung «Slipper» sollten Sie übrigens vermeiden, denn in England meint man damit einen Hausschuh. Man könnte es auch so sehen: Alle Slipper sind Loafer, aber nicht jeder Loafer ist auch ein Slipper. Kurioserweise markiert der Loafer sowohl das oberste als auch das unterste Ende der Formalitätsskala für Herrenschuhe. Das bedeutet aber nicht, dass Sie beispielsweise zum Smoking denselben Loafer anziehen können wie zum Tweedsakko. Lediglich der grundsätzliche Schuhtypus ist derselbe. Der glatte schwarze Loafer, den Mann ursprünglich zum Smoking trug, ist heute jedoch leider ohnehin fast ausgestorben, so dass wir uns hier ausschließlich mit der sportlichen Variante beschäftigen können.

Die Schnürung ist die erste Dimension, in der man Herrenschuhe unterscheidet. Die zweite besteht in der Art und Anzahl der Zierelemente auf dem Schaft. Mit jeder zusätzlichen Form von Zierde nimmt die Formalität des Schuhs etwas ab. Der schlichteste und formellste Schuh hat also einen vollkommen glatten Schaft, und dementsprechend nennt man ihn *plain*. Direkt darunter folgt das Modell mit aufgesetzter Zehenkappe, der *straight tip* oder *captoe*. Darüber hinaus sind verschiedene Lochmuster, die sogenannten *brogueings*, von Bedeutung. Sie entstanden im Umfeld der schottischen Arbeiter- und Bauernkleidung: Die ursprünglich tatsächlich durchgestanzten Löcher sollten bei der Feldarbeit Wasser und Schlamm besser aus dem Schuh abfließen lassen. Heute haben diese Muster jedoch keine Funktion mehr, und die Lochung durchdringt nur noch die oberen Lederschichten. Jeder Schuhhersteller verwendet sein eigenes Muster, so dass man theoretisch am Layout der Löcher erkennen kann, woher der Schuh stammt. Je nachdem, wie viel Fläche das Lochmuster einnimmt, unterscheidet man zwischen *semi brogues* und *full brogues*. Letztere tragen die charakteristischen Stanzungen nicht nur auf der Zehenkappe, sondern auch an den Schaftseiten.

Der Full Brogue stellt einen der großen Klassiker der Schuhmode dar und sollte in keinem Kleiderschrank fehlen – der wichtigste Schuh ist er darin allerdings bei Weitem nicht, wie Sie noch sehen werden.

Nun wird es kurz ein klein wenig kompliziert. Die beiden genannten Arten, einen Schuh anhand seiner äußeren Merkmale zu identifizieren, werden nämlich üblicherweise miteinander kombiniert. Deshalb war hier auch von Dimensionen die Rede. Stellen Sie sich die Typologie des Herrenschuhs als Koordinatensystem vor: Auf der einen Achse finden Sie den Grad der Verzierung, auf der anderen den Typ der Schnürung. Die Kombination beider Merkmale ergibt den vollständigen Namen des Schuhmodells. Ein Schuh mit geschlossener Schnürung und aufgesetzter Zehenkappe wäre demnach ein Captoe Oxford. Ein Modell mit offener Schnürung und großflächigem Muster heißt Full Brogue Derby. Einen glatten Schuh ohne Schnürung nennt man Plain Loafer. Dieses Spiel lässt sich für jedes erdenkliche Schuhmodell fortsetzen und ist somit der Schlüssel zum Verständnis des Angebots im Laden. Mit etwas Übung ist das System dann auch nicht mehr so kompliziert, wie es sich zunächst anhört. Was bleibt, ist Klarheit.

Qualitäten und Preise

Vom gelungenen Design des Schafts einmal abgesehen gibt es eine Reihe weiterer Kriterien, anhand derer Sie einen guten Schuh von einem minderwertigen unterscheiden können. Sie alle beziehen sich auf den Herstellungsaufwand oder die Qualität der verwendeten Materialien. Dabei ist die Konstruktion der Sohle besonders wichtig. Ein guter Herrenschuh ist entweder rahmengenäht, holzgenagelt oder durchgenäht. Die Rahmennaht steht für einen Schuh, der nach englischer Tradition hergestellt wurde. Hierbei werden Schaft und

Innensohle rundum mit einem schmalen Lederstreifen, dem sogenannten Rahmen, vernäht, und dieser wiederum wird mit der außen liegenden Laufsohle zusammengenäht. Aufgrund des hohen Fertigungsaufwandes findet diese Methode heute fast ausschließlich bei Maßschuhen und Konfektion der Spitzenklasse Verwendung. Ein handrahmengenähter Schuh kostet mindestens 800 Euro. Als wirtschaftlichere Produktionsmethode hat sich das Goodyear-Verfahren durchgesetzt, benannt nach Charles Goodyear Jr., der es zum Patent anmeldete. Dabei wird die eigentliche Rahmennaht durch ein Mischverfahren aus Nähen und Kleben ersetzt, was dramatische Zeitersparnisse mit sich bringt. Diese Schuhe sind bereits ab 200 Euro zu haben und liegen damit preislich etwa gleichauf mit den beiden anderen Konstruktionstypen.

Die holzgenagelte Machart stammt aus der ungarischen Schuhmachertradition und hat dort bis heute ihren Platz. In England konnte sie abseits von groben Arbeitsstiefeln nie so recht Fuß fassen und wird noch immer spöttisch belächelt. Diese Süffisanz ist freilich überflüssig, denn einige der bekanntesten kontinentaleuropäischen Schuhmacher verwenden das Verfahren für Alltagsschuhwerk wie auch für Schuhe zu feinen Anlässen. Beim Holznageln wird die Befestigungsnaht der Laufsohle durch eine oder mehrere Reihen gekochter Buchenholzstifte ersetzt, die einzeln durch Sohle und Innenleben des Schuhs geschlagen werden. Diese Konstruktion ist nur unwesentlich weniger aufwendig als eine Rahmennaht, bietet allerdings einen entscheidenden Vorteil: Während Sohlenreparaturen beim rahmengenähten Schuh mit einem vollständigen Lösen der unteren Naht verbunden sind, kann beim holzgenagelten Modell einfach die unterste Sohlenschicht abgeschliffen und eine neue aufgeschlagen werden. Diese Zeitersparnis äußert sich in erheblich geringeren Reparaturkosten.

Die durchgenähte Machart findet vor allem in Italien Verwendung. Sie ist der rahmengenähten grundsätzlich ähnlich, in ihrer

Konstruktion allerdings deutlich einfacher. Statt den Schaft erst mit einem Rahmen und diesen anschließend mit den Sohlenteilen zu vernähen, wird der gesamte Unterbau des Schuhs über eine einzige Naht mit dem Oberteil verbunden. Die eingesparten Teile und Arbeitsschritte machen sich sowohl im geringeren Gewicht des Schuhs als auch in dessen erhöhter Flexibilität bemerkbar. Da die Stichkanäle der Sohle bis in den Innenraum des Schuhs reichen, ist ein Durchgenähter aber auch immer etwas feuchtigkeitsempfindlicher als sein rahmengenähtes oder holzgenageltes Pendant und gibt deshalb keinen guten Winterschuh ab. Der Aufwand einer Neubesohlung hält sich, ähnlich wie bei der holzgenagelten Machart, in Grenzen und macht den durchgenähten Schuh somit in der Instandhaltung verhältnismäßig günstig. Man könnte die durchgenähte Machart also als Kompromiss zwischen den beiden anderen Varianten bezeichnen. Ein vollwertiger Ersatz ist sie freilich für keine – vielmehr eine Alternative für bestimmte Situationen. Übrigens kann ein Schuh bei jeder der drei Macharten zusätzlich zur Laufsohle aus Leder mit einer Sohlenschicht aus Gummi ausgestattet sein. An Schuhen, die zum Anzug getragen werden, haben Gummisohlen aber nichts zu suchen.

Dass gute Herrenschuhe generell aus gutem Leder hergestellt werden, versteht sich von selbst. Die beiden gängigen Varianten heißen entsprechend ihrer Oberflächenbeschaffenheit Glattleder und Rauleder. Beide stammen üblicherweise vom Kalb und unterscheiden sich nur dadurch, welche Seite der Haut außen zu sehen ist: Beim Rauleder ist es die sogenannte Aasseite, also die Seite, die am Tier dem Fleisch zugewandt ist, Glattleder dagegen zeigt die Fellseite. Aus Letzterem sollte Ihr erstes Paar Schuhe bestehen. Ungeachtet der verwendeten Schauseite ist gutes Schuhleder stets weich, glatt und elastisch. Es transportiert Feuchtigkeit nach außen und sorgt für ein ausgeglichenes Fußklima. Das Oberleder macht einen großen Teil des Schuhpreises aus, und Hersteller günstiger Schuhe sparen meist zuerst hier. In jedem Fall sollte das Leder durchgefärbt sein. Meiden Sie Schuhe mit sogenanntem Bookbinder Finish, bei dem das Leder oberflächlich mit einer selbstglänzenden Kunststoffschicht überzogen wird. Das Resultat ist sowohl ästhetisch als auch funktional mit dem Stoff bügelfreier Hemden zu vergleichen und damit keiner weiteren Diskussion würdig. Stattdessen sollten Sie in der niedrigen Preisklasse zu Ledern mit Strukturprägung greifen. Dieses unter Hitze und Druck aufgebrachte Muster kaschiert kleine Makel im Leder, das wegen dieser Makel für glatte Schuhoberflächen nicht infrage kommt.

Hochwertige Schuhe, die regelmäßig und professionell repariert werden, sind praktisch unbegrenzt haltbar und können Sie Ihr ganzes Leben lang begleiten. Schon deshalb ist es sinnvoll, etwas mehr für sie auszugeben. Sie sehen mit den Jahren lediglich etwas gebrauchter aus, während minderwertige Schuhe auch die Würde des Alters nicht retten kann. Der Kaufpreis eines Schuhs definiert sich im Übrigen nicht allein über die verwendeten Materialien und Macharten, sondern auch über den Aufwand, der in die Leistenkonstruktion fließt. Ein hochwertiger Leisten berücksichtigt eine Vielzahl kleinster Passformdetails, wogegen ein einfacher mit möglichst hohen Toleranzen auszukommen versucht.

Die Passform

Der Leisten ist die Basis des späteren Schuhs und sollte mit dem Fuß seines Trägers möglichst gut übereinstimmen. Weil aber kein Fuß dem anderen gleicht, kann ein Konfektionsschuh immer nur näherungsweise passen. Selbst Ihr linker und Ihr rechter Fuß müssen sich nicht unbedingt gleichen. Viele Menschen haben Füße, die eigentlich unterschiedliche Schuhgrößen bräuchten. Hersteller hochwertiger Schuhe versuchen, diesem Umstand über entsprechend gestaltete Leistenformen Rechnung zu tragen, oder bieten ihre Schuhe nicht paarweise an, sondern einzeln.

Die Passform eines Schuhs ist für den Laien oft schwierig zu beurteilen. Einerseits ist das Gefühl für Enge und Weite, Länge und Kürze in den feinen Nuancen, wie sie für die Passform des Schuhs eine Rolle spielen, nicht eben ausgeprägt. Andererseits sind wir alle durch schlecht passende Schuhe, die wir fast ausnahmslos seit unserer Kindheit tragen, hoffnungslos fehlerzogen. Nahezu jeder Mann trägt seine Schuhe zu weit und zu kurz. Die vielzitierte «bequeme Weite» soll den Fuß so wenig wie möglich einengen; damit der Träger aber nicht bei jedem Schritt aus seinem Schuh herausschlüpft, muss mit einem entsprechend kurzen Leisten gegengesteuert werden. Das Ergebnis ist nicht nur ästhetisch unbefriedigend, sondern auch ungesund und kann zu dauerhaften Fußdeformationen führen. Ein gut passender Schuh ist also nicht nur schön anzusehen, sondern medizinisch notwendig. Schlechtes Schuhwerk beeinträchtigt Ihr Gangbild, lässt Sie häufiger unter Rückenschmerzen leiden und kann sogar Ihre Konzentrationsfähigkeit beeinträchtigen. Lassen Sie deshalb Ihre Gesundheitsfürsorge bereits beim Schuh beginnen.

Planen Sie für einen Schuhkauf mindestens eine Stunde Zeit ein. Da Füße im Allgemeinen empfindlich auf Temperaturschwankungen und unterschiedliche Gemütsverfassungen reagieren, indem sie an- und abschwellen, haben Sie zwar nur über einen längeren Zeitraum die Möglichkeit, einen Schuh ernsthaft für Ihren Fuß zu testen. Doch um wenigstens möglichst ideale Bedingungen zu schaffen, sollten Sie einen Schuhkauf mit vorhergehender Anprobe am Nachmittag stattfinden lassen, weil Ihre Füße dann bereits einen Großteil ihres Tagwerks verrichten mussten und entsprechend an Volumen zugelegt haben. Schließlich wäre der Nutzwert von Schuhen, die morgens passen, abends aber zu eng sind, sehr begrenzt. Darüber hinaus ist es ratsam, zur Anprobe Strümpfe zu tragen, die in Material und Dicke denen entsprechen, die Sie am häufigsten in Ihren neuen Schuhen tragen werden. Wie immer gilt: Kaufen Sie ausschließlich im Fachgeschäft, niemals in Eile und nur von Personal, dem Sie vertrauen.

Schnüren Sie vor dem Hineinschlüpfen den Schuh unbedingt vollständig auf. Dies gilt nicht nur für die Anprobe, sondern auch für die Zeit danach. So verhindern Sie, dass das Schaftleder stellenweise überdehnt wird und dauerhaften Schaden nimmt. Anschließend schnüren Sie die Schuhe wieder fest zu und stehen auf. Die Zehen beider Füße sollten im Vorderteil des Schuhs Platz genug haben, um sich frei bewegen zu können. Diesen Spielraum brauchen sie, damit sie beim Abrollvorgang eines Schrittes nicht in der Zehenkappe zusammengedrückt werden. Ist diese Voraussetzung erfüllt, können Sie die ersten Schritte wagen. Der Schuh sollte dabei am Rist, am Spann und um den Fußknöchel herum anliegen, um den Gang sicher zu stützen. Der unter eifrigen Schuhverkäufern wie fürsorglichen Müttern gleichermaßen beliebte Kniff, die passende Länge mittels Daumendruck auf die Zehenkappe des Schuhs zu testen, ist übrigens völlig unnütz. Nicht nur ist die Zehenkappe eines Herrenschuhs durch hartes Leder verstärkt, so dass man den darunter liegenden großen Zeh ohnehin kaum spürt. Der Schuh ist auch bereits viel zu kurz, wenn an der Stelle, wo der Test normalerweise durchgeführt wird, ein Zeh zu spüren ist. Zur Ermittlung der korrekten Länge reicht es also aus, sich auf die Probe der frei beweglichen Zehen zu verlassen.

Falls Sie dennoch auf einen Drucktest nicht verzichten wollen, sollten Sie Ihre Energie auf die sogenannte Ballenlinie des Schuhs konzentrieren. Durch seitlichen Druck gegen diese breiteste Stelle des Schafts stellen Sie fest, ob dort im Inneren Ihre Zehengrundgelenke und der Ballen zum Liegen kommen. Die Ballenlinie des Schuhs bildet die Drehachse und damit Knicklinie jeder Abrollbewegung und sollte deshalb aus orthopädischen Erwägungen mit der anatomischen Ballenlinie des Trägers übereinstimmen. Einfach gesagt: Fuß und Schuh müssen an derselben Stelle abknicken, sonst wird's schmerzhaft. Erst wenn alle diese Kriterien überprüft sind und der Schuh wirklich gut passt, sollten optische Gesichtspunkte bei der Schuhauswahl ins Spiel kommen.

Kombinationen

Als erster Schuh eignet sich ein dunkelbrauner Derby wie kein anderer. Wie bereits angedeutet, ist der Derby vielseitiger als seine Geschwister namens Loafer und Oxford. Er kann nämlich sowohl zur Kombination aus Sakko und Tuchhose als auch zum Anzug – sofern dieser nicht allzu formell ist – sowie zu Jeans oder Chino getragen werden. Für den Oxford dagegen ist spätestens bei der Jeans Schluss, der Loafer macht sich umgekehrt nur in Ausnahmesituationen gut zum Anzug.

Im Gegensatz zu Schwarz, der anderen klassischen Schuhfarbe, passt Dunkelbraun zu einer Vielzahl verschiedener Farben und eröffnet dank seiner Kombinierbarkeit ein weites Spektrum möglicher Outfits. Auch wenn man Ihnen immer wieder erklären wird, dass schwarze Schuhe zu nahezu jedem Anzug passen – es stimmt einfach nicht. Schwarz passt fast nie zu blauen Anzügen und seltener als gedacht zu grauen. Zu sportlichen Tuchen ist die Farbe außerdem zu formell. Im Alltag sind Sie also in aller Regel mit dunkelbraunen Derbies wesentlich besser beraten. Ihre Derbies sollten glatt sein, also keine Lochungen oder sonstigen Muster aufweisen und mit einer nicht zu dicken Ledersohle ausgestattet sein. Tragen Sie sie zu allen Stücken der Tagesgarderobe. Mode kann so einfach sein!

Pflege und Reparatur

Wesentlich komplizierter verhält es sich allerdings mit der Pflege guter Schuhe. Denn während Frauen ihre Schuhpassion primär beim Kaufen und Tragen ausleben, wird für viele Männer erst ein liebevoll gepflegter Schuh so richtig schön. Der Ablauf der Pflege ist dabei immer gleich: Die Schuhe werden zuerst mit einer Rosshaarbürste von Staub und Schmutz befreit. Anschließend werden sie mit einem Pflegeprodukt eingerieben und nach einiger Trockenzeit erneut abgebürstet oder mit einem Baumwolltuch poliert. Dabei werden einerseits Produktrückstände beseitigt, andererseits erhält das Leder einen eleganten Glanz.

Zwei grundlegende Klassen von Produkten für die alltägliche Pflege gilt es zu unterscheiden: Wasserbasierte Cremepolituren sind eher weich, unkompliziert aufzutragen und ideal für die schnelle Pflege zwischendurch. Ölbasierte Polierpasten dagegen sind fest und etwas schwieriger gleichmäßig aufzutragen. Beide Produkte hinterlassen einen seidenmatten Glanz. Daneben eignen sich harte Wachspasten für die sogenannte Wasserglanzpolitur, die Königsklasse der Schuhpflege. Hierbei werden zuerst mehrere Schichten Wachs aufgetragen und nach ausreichend Trockenzeit mit einem feuchten Baumwolltuch weitere Schichten ins Leder eingerieben, wobei das Tuch abwechselnd in ein Schälchen mit Wasser und in das Wachs getaucht werden sollte. Nach einigen Minuten kreisförmigen Polierens stellt sich der typische Glanz ein, der das Leder fast wie lackiert wirken lässt. In einer perfekten Wasserglanzpolitur kann man sich sogar spiegeln. Oft wird davon abgeraten, diese Politur auf dem ganzen Schuh auszuführen, weil die Wachsschichten in den Gehfalten brechen können, was dann von manchen Männern als nachlässig oder gar schlampig interpretiert wird. Bruchstellen in der Wasserglanzpolitur sind allerdings ganz normal und allemal besser als ein Schuh, der nur an der Spitze wasserpoliert ist. Übrigens trägt auch der gegenwärtige Prince of Wales seine Schuhe stets mit einer perfekt ausgeführten Wasserglanzpolitur – Bruchstellen inklusive.

Der hohe Anschaffungspreis für ein Paar guter Herrenschuhe mag auf den ersten Blick übertrieben erscheinen. Langfristig zahlt sich ein hochwertiger und dadurch teurer Schuh aber aus, denn er kann nahezu endlos repariert werden. Die häufigste Reparatur betrifft die Absätze. Normalerweise sind sie aus mehreren Schichten festen Leders aufgebaut und auf der Unterseite mit einem Stück Gummi verstärkt. Dieses wird sich mit der Zeit ablaufen und sollte dann möglichst rasch erneuert werden, um eine Beschädigung weiterer Absatzschichten zu verhindern. Bei durchschnittlicher Nutzung der Schuhe ist eine Absatzerneuerung alle zwei Jahre nötig und kostet dann etwa 30 Euro. Auch die Sohle sollte regelmäßig einer Prüfung unterzogen werden. Bevor sie löchrig wird oder die Nähte auf der Sohlenunterseite Schaden nehmen können, wandert das Schuhpaar zum kompetenten Schuhmacher, der sie entsprechend ihrer Machart neu besohlt. Die Neubesohlung holzgenagelter und durchgenähter Schuhe schlägt mit etwa 100 Euro zu Buche, während Sie bei rahmengenähten Schuhen etwa 200 Euro ausgeben müssen. Da eine neue Sohle bei guten Schuhen nur etwa alle fünf bis sechs Jahre fällig wird, halten sich die Kosten allerdings insgesamt in Grenzen. Falls Sie dazu neigen, die Spitzen Ihrer Sohlen stärker abzulaufen als den Rest, kann Ihr Schuhmacher diese auch separat erneuern, was die Lebensdauer der gesamten Sohle deutlich verlängert. Diese Maßnahme kostet etwa 15 Euro.

Um dem Leder Zeit zu geben, die über den Tag angesammelte Feuchtigkeit wieder an die Umgebung abzugeben, sollten Sie Ihren Schuhen nach jedem Tragen einen Tag Ruhe gönnen. Bei knappem Budget ist es aber sinnvoller, ein Paar guter Schuhe jeden Tag zu tragen als zwei Paar schlechter im Wechsel. Generell ist es ratsam, etwa die Hälfte des jährlichen Bekleidungsbudgets in Schuhe zu investieren. Und wenn Sie schon dabei sind: Gönnen Sie Ihren Schuhen ein Paar passender Schuhspanner aus Holz. Denn besonders beim Schuhwerk fällt übertriebene Pfennigfuchserei sofort auf.

Weitere Schuhe

Auch bei der Anschaffung weiterer Schuhpaare sollten Sie beim Preis nicht sparen – bei der Stückzahl dagegen schon. Kaufen Sie lieber wenige, dafür umso bessere Schuhe. So lässt sich der relativ hohe Kaufpreis je Paar eher rechtfertigen, und Sie sind gezwungen, bei jedem Kauf genau abzuwägen, ob das ersehnte Modell tatsächlich so gut in Ihre Sammlung passt, wie Sie es gerne hätten. Die folgenden klassischen Schuharten wären zumindest eine Überlegung wert, sobald Sie über den dunkelbraunen Plain Derby hinaus einen gelungenen Auftritt hinlegen wollen.

Der schwarze Captoe Oxford mag als erster Schuh ungeeignet sein, weil er nicht vielseitig genug ist – nötig ist er aber dennoch irgendwann. Mit seiner Hilfe können Sie die eine Nische füllen, die der braune Derby nicht besetzen kann: die der formellen Garderobe. Zum Smoking, aber auch zum Cutaway, zum Stresemann und nicht zuletzt zum grauen Anzug in seiner formellsten Variante stellt der schwarze Captoe Oxford die sicherste und beste Option dar. Er fällt nie auf und passt im gehobenen Umfeld eigentlich immer. Achten Sie darauf, dass das Kalbsleder, aus dem sein Schaft besteht, von hoher Qualität, also weich, glatt und nicht zu starr ist, damit es lange gut aussieht. Gerade die ansonsten eher triste Oberfläche des schwarzen Schuhs verträgt sich gut mit einer perfekt ausgeführten Wasserglanzpolitur, die den Träger als Kenner der Materie ausweist.

Der zweite Derby sollte ein Full Brogue sein. Er darf etwas heller sein als sein glattes Pendant. Ein leicht strukturiertes Kalbsleder steht ihm besonders gut, die ideale Wahl wäre sogenanntes Scotch

Grain, ein maschinell geprägtes Glattleder, das Sie an seiner typischen genoppten Struktur erkennen. Da dieser Schuhtyp vor allem im Winter und zu Kombinationen aus Flanellhose und Tweedsakko gut zur Geltung kommt, bietet sich eine Gummisohle mit leichtem Profil an. So geraten Sie auch bei Schnee und Eis nicht ins Rutschen, ohne übermäßig an Eleganz einzubüßen.

Der Penny Loafer hat das Potenzial, der zweitliebste Schuh in Ihrer Garderobe nach dem Plain Derby zu werden, denn es gibt schlicht keinen besseren universellen Freizeitschuh als ihn. Seinen Namen hat er angeblich von dem Penny, den Studenten in die typische Lederspange zwickten, die sich über den Rist des ansonsten fast glatten Schuhs zieht. Unterhalb dieser Spange verläuft eine Wulstnaht rund um das Vorderteil des Schuhs herum. Die klassischen Farbtöne des glatten Kalbsleders sind Cognacbraun und Dunkelrot. Vor allem in den Vereinigten Staaten sind ungefütterte Penny Loafer aus dunkelrotem Pferdeleder beliebt und machen einen wichtigen Bestandteil der Collegemode aus.

Der Mokassin ist in optischer Hinsicht der kleine Bruder des Loafers, unter technischen Gesichtspunkten aber der ungewöhnlichste Schuh in dieser Übersicht. Das Leder seines Schafts setzt sich unter der Sohle fort, der Schuh ist also im weitesten Sinne wie eine Kurzsocke konstruiert. Der Schaft selbst ist wie ein Loafer gestaltet und kann auch dessen typische Ristspange oder eine Schleife aufweisen. Aufgrund seiner leichten Konstruktion ist der Mokassin nicht der beste Schuh für den laufintensiven Stadtverkehr, er macht sich dafür aber umso besser als sommerlicher Schuh zur Chino. Am besten tragen Sie ihn ohne Strümpfe. Er ist auch die beste Möglichkeit, einen Schuh aus Rauleder in Ihre Garderobe einzuführen. Dieses immer etwas sportlich anmutende Leder gibt ihm zusätzliche Struktur und Tiefe und ist besonders leicht zu pflegen: Bürsten Sie es einfach nach jedem Tragen mit einer Draht- oder Kreppbürste ab.

Der beige Trenchcoat

Eines der beiden Kleidungsstücke, die ihre herausragende Bedeutung für die klassische Herrengarderobe der Filmindustrie zu verdanken haben, ist der Trenchcoat. Er ist gleichzeitig der einzige Mantel, von dem hier ausführlicher die Rede sein wird. Anders als der Smoking – das zweite jener beiden Kleidungsstücke – wurde er einem breiteren Publikum überhaupt erst durch seine Auftritte in Klassikern wie «Casablanca» mit und an Humphrey Bogart bekannt. Seither ist er quasi unverzichtbares Requisit für jeden Filmdetektiv von Columbo über Derrick bis hin zu Remington Steele. Seine Ursprünge hat der Trenchcoat allerdings nicht unter Schauspielern und Ermittlern, sondern in den Schützengräben des Ersten Weltkrieges.

Geschichte

Thomas Burberry, Gründer des heute wohl bekanntesten Mantelherstellers der Welt, war ursprünglich für hochwertige Outdoorkleidung und Textilien bekannt, die den Ansprüchen von Ingenieuren, Sportlern und Abenteurern genügen sollten. Eine seiner patentierten Erfindungen war ein festes Baumwollgewebe, das auf natürliche Art und Weise wasserdicht war: Gabardine. In dessen Anfangszeit um 1870 wurden daraus unter anderem Zelte gefertigt, die Roald Amundsen bei der Eroberung des Südpols wertvolle Dienste leisteten. Bald schon wurde das britische Militär auf diesen Vorläufer heutiger Funktionsgewebe aufmerksam und bestellte bei Burberry Mäntel für seine Truppen, die sie in den Gefechten des Ersten Weltkrieges tragen sollten. Nachdem die Mäntel sich als wasserabweisende, wärmende Kleidungsstücke bewährt hatten, trugen die Soldaten sie nach Kriegsende auch im zivilen Leben und ebneten ihnen so den Weg in die alltägliche Garderobe. Noch heute verweist der Name des Trenchcoats auf dessen Herkunft und ursprüngliches Einsatzgebiet: den *trench*, also den Schützengraben.

Mit der Ankunft des Trenchcoats in der zivilen Gesellschaft begann auch sein Triumphzug durch die Filmgeschichte. Kaum ein männlicher Schauspieler hat ihn nicht mindestens einmal im Laufe seiner Karriere getragen, wenn es galt, einen Ermittler, Ganoven oder Gentleman zu verkörpern. Doch nicht nur Männer fanden Gefallen am einstigen Militärmantel: Auch Audrey Hepburn trug in «Frühstück bei Tiffany» ein solches Stück und verhalf ihm damit bis heute zu ungebrochener Popularität unter gut gekleideten Damen. Mit dem Ende der großen Detektivserien in den 1980er Jahren drohte der Trenchcoat jedoch in der Belanglosigkeit zu versinken. Jahrelang sah man ihn im Film nur noch selten, und wenn doch, dann meist in ironischer Bedeutung, als Klischee einer vergangenen Ära. Heute kann er als stilistisch weitgehend neutral gelten und hat sich den ihm gebührenden Platz in der Herrengarderobe zurückerobert. In all der Zeit wurde dieser Klassiker der Modegeschichte jedoch nahezu unverändert produziert. Er bleibt bis heute der einzige Mantel, der das ganze Jahr über mit beinahe jedem Outfit kombiniert werden kann, ohne deplatziert zu wirken.

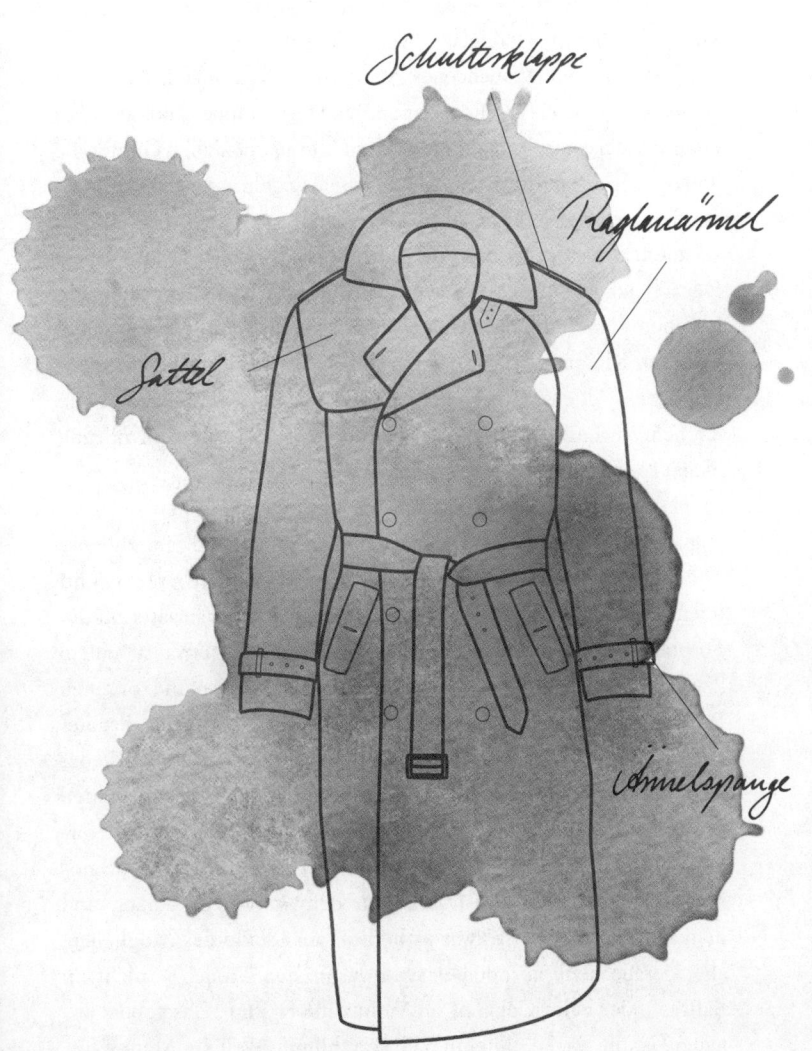

Schulterklappe

Raglanärmel

Sattel

Ärmelspange

Kombinationen

Diese Kombinationsfähigkeit liegt vermutlich in der Tatsache begründet, dass der Trenchcoat erst zu einem sehr späten Zeitpunkt Eingang in den klassischen Kanon der Herrenmode fand, als viele andere Stücke bereits etabliert waren. Da er in der zivilen Garderobe anfangs ein Fremdling war, gab es keine Regeln, wozu er getragen werden konnte, was dazu führte, dass man ihn versuchsweise einfach zu allem trug. Etwas überspitzt formuliert könnte man also sagen: Der Trenchcoat passt zu nichts so wirklich und deshalb zu allem ein bisschen. Ganz ähnlich verhält es sich übrigens mit der Chino, einem weiteren Kleidungsstück, das wir der Militärgarderobe zu verdanken haben – doch dazu an anderer Stelle. Bleiben wir zunächst beim Trenchcoat und den konkreten Outfits, mit denen er sinnvoll und elegant kombiniert werden kann.

Die meisten Männer werden ihn wohl am häufigsten zum Anzug tragen. Hier ist der Trenchcoat dann auch voll und ganz zuhause und fügt sich mit seiner neutralen Farbe und dem dankbaren Schnitt leicht ein, ohne aufzufallen. Doch auch einen Schritt abwärts auf der Formalitätsskala macht er gerne mit. So kann er etwa zu einem Tweedsakko oder Blazer, einer grauen Flanellhose und braunen Brogues gut aussehen. Jeans und Pullover sind ihm als Partner ebenfalls nicht fremd. Wenn in dieser Kombination der Stoff des Mantels ein wenig locker sitzt, weil die Jacke darunter fehlt, raffen Sie ihn einfach mit dem dazugehörigen Stoffgürtel zusammen. Notfalls und fürs Erste können Sie Ihren Trenchcoat sogar zum Smoking tragen. Der Kontrast zwischen dem schwarzen Anzug und dem beigen Mantel ist zwar ästhetisch am Rande des Möglichen, aber gerade noch akzeptabel. Und da Sie den Trench ja nicht im Ballsaal oder beim Cocktail im Wohnzimmer Ihres Gastgebers anhaben, ist die Sache ohnehin halb so schlimm. Weil ein Mantel immer zuerst ein funktionales Kleidungsstück gegen widriges Wetter sein sollte, spielt sein formeller Charakter stets eine untergeordnete Rolle.

Was den Trenchcoat zur Erfüllung seiner wichtigsten Funktion besser qualifiziert als jeden anderen Mantel, ist die Möglichkeit, ihn mit unterschiedlichen Futtern auszustatten. Gute Trenchcoats sind hierfür mit Knöpfen auf der Innenseite des Oberstoffes versehen. Der Mantel wird so ganzjährig tragbar. Im Winter empfehlen sich zum Beispiel gewebte Wollfutter, wie man sie von nahezu jedem Hersteller hochwertiger Mäntel bekommt. Da sie häufig auffällig kariert sind, kann der Trench dann allerdings nur in Ausnahmesituationen offen getragen werden, weil das Muster seines Futters sonst mit den Farben und Mustern Ihres übrigen Outfits kollidieren würde. An besonders kalten Tagen kann ein Steppfutter wertvolle Dienste leisten, also zwei Schichten Woll- oder Baumwollstoff, mitunter auch Viskose, die in Rauten abgesteppt sind; die so entstandenen Taschen sind mit Daunen oder einem anderen wärmespeichernden Material gefüllt.

Für die Übergangzeit ist ein mittelschweres Baumwollfutter die beste Wahl. Achten Sie darauf, eine weiche und glatte Qualität zu kaufen. Harte Baumwollfutter neigen dazu, unangenehm zu knistern, bevor sie eingetragen sind, raue lassen die Kleidung darunter nicht makellos fallen. Und was, wenn es im Sommer mal regnet oder kühl wird? Kein Problem: Tragen Sie Ihren Trenchcoat einfach ohne ein eingeknöpftes Futter, um nicht zu überhitzen, aber dennoch gegen das schlechte Wetter gewappnet zu sein.

Schnitt und Details

Wenn man den Trenchcoat in nur einem Wort beschreiben sollte, dann wäre dieses ohne Zweifel: praktisch. Die Möglichkeit, ihn mit unterschiedlichen Futtern zu tragen, ist dafür nur ein Beleg von vielen. Auch seine äußere Erscheinung ist voll und ganz auf seinen eigentlichen Einsatzzweck ausgerichtet. So ist ein traditioneller Trenchcoat immer doppelreihig zu schließen, damit weniger Feuchtigkeit und kalte Luft ins Innere eindringen können. Der Mantel kann außerdem bis unter den Hals geschlossen werden, was ihn auch ohne Schal tragbar macht. Unter dem Kragen ist ein zusätzlicher Stoffstreifen, der sogenannte Sturmriegel, angebracht, mit dem die beiden Kragenenden verbunden werden können, um auch den Hals vor Wind und Nässe zu schützen. Diese Elemente, die den Trenchcoat seit jeher so praktisch machen, finden Sie auch heute noch fast unverändert vor. Selbst die modischsten Interpretationen bedienen sich in aller Regel dieser klassischen Merkmale.

Zusätzlich zu seinen beiden Knopfreihen wird der Trenchcoat mit einem umlaufenden Gürtel aus Oberstoff verschlossen. Dieser ist in aller Regel abnehmbar und wird lediglich durch jeweils eine Schlaufe an der linken und der rechten Seitennaht in Position gehalten. Wenn Sie ihn nicht benutzen wollen, sollten Sie ihn aber nicht abnehmen, sondern im Rücken zusammenbinden, damit die Silhouette des Mantels aufgrund seiner großzügigen Weite nicht allzu unförmig aussieht, sondern in der Taille leicht zusammengerafft bleibt. Die Schließe ist häufig als D-förmiger Halbring oder doppeltes Rechteck ausgeführt. Dieses Detail findet sich auch an anderen Stellen des Mantels wieder. Ursprünglich sollten daran Handgranaten und andere Ausrüstungsgegenstände befestigt werden. Heute ist es nur noch ein stilistisches Merkmal – davon einmal abgesehen, dass sich diese Schnallen ausgesprochen angenehm bedienen lassen. Weitere typische Elemente des Trenchcoats sind die geknöpften Schulterklappen, die Ärmelspangen sowie der charakteristische verlängerte Sattel, der meist aus einer zusätzlichen Schicht Oberstoff gefertigt ist und vorne wie hinten bis auf die halbe Höhe von Brust und Rücken reicht. Der Trenchcoat hat übrigens niemals eine Brusttasche, wohl aber auf jeder Seite eine geräumige, schräg angeschnittene Schubtasche in Hüfthöhe, die meist mit einem Knopf geschlossen werden kann.

Auch wenn derzeit kurze Mantelschnitte modern sind, sollte ein Trenchcoat wadenlang sein. Nur in dieser Länge erfüllt er seine primäre Funktion als Regenmantel in zufriedenstellendem Maße. Knielange Modelle sind mit einigen funktionalen Einbußen noch erträglich – alles darüber ist aber reichlich sinnlos. Hier sind Sie mit einer Jacke besser beraten. Wie gut und vor allem wie lange ein Trench aber tatsächlich vor Nässe und Kälte schützt, ist in entscheidendem Maße auch von dem verwendeten Obermaterial und dessen Qualität abhängig.

Material

Das typische Material des Trenchcoats ist nach wie vor Gabardine. Seine Erfindung im späten 19. Jahrhundert markiert den Beginn moderner Funktionstextilien, insofern die daraus gefertigte Kleidung außer wärmeleitenden auch erstmals feuchtigkeitsisolierende Aufgaben erfüllte, ohne dass dafür eine zusätzliche Materialschicht nötig gewesen wäre. Der Name «Gabardine» war allerdings keine Erfindung von Thomas Burberry. Er war bereits etwa 300 Jahre in Verwendung und bezeichnete einen dicht verwobenen Stoff. Neu, ja geradezu revolutionär waren dagegen die Eigenschaften des von Burberry patentierten Gewebes. Die verwendeten Garne aus Wolle oder Baumwolle wurden bereits vor der Weiterverarbeitung wasserabweisend ausgerüstet und anschließend zu einem dichten, festen Twill verwoben. Der Kontakt mit Wasser lässt diese Garne aufquellen und macht den Stoff noch kompakter, so dass eine feste, glatte Oberfläche entsteht, an der Regentropfen regelrecht abperlen.

Hochwertige Gabardinestoffe bestehen bis heute aus reiner

Baumwolle, auch wenn die Beimischung von bis zu 40 Prozent Polyester mittlerweile zur traurigen Regel geworden ist. Bei ordentlicher Qualität und Ausrüstung wäre sie gar nicht notwendig, spart dem Hersteller jedoch bares Geld beim Materialeinkauf. Sofern der Stoff aber dennoch wie gerade beschrieben hergestellt ist, gibt es Schlimmeres als einen geringen Anteil synthetischer Fasern – zumal Sie das Gewebe nicht direkt auf Ihrer Haut tragen. Erste Wahl sollte aber immer ein hochwertiger Baumwollgabardine sein. Gute Qualitäten erkennen Sie an ihrer dichten und festen, anfangs sogar etwas bockigen Struktur und dem seidigen Glanz. Gabardine ist klassischerweise beige, die Farbe alter Soldatenuniformen. Insgesamt ist der Stoff einem Chinotwill nicht unähnlich, fällt aber deutlich schwerer und gröber aus. Guter Gabardine ist niemals zu leicht, sondern wiegt etwa so viel wie der Oberstoff eines Sportsakkos.

Die Passform

Seiner Herkunft und der industriellen Herstellung in großen Mengen entsprechend, ist ein Trenchcoat kein Kleidungsstück, bei dem die Passform eine tiefgreifende Rolle spielt. Selbstverständlich bedeutet das nicht, dass Sie sie einfach vernachlässigen können. Gerade bei der Länge der Ärmel und des Rumpfes sollten Sie dieselbe Sorgfalt walten lassen wie bei jedem anderen Kleidungsstück auch, denn gut gewählte Längen können die proportionale Wirkung des Mantels entscheidend beeinflussen. Die Ärmel sollten so lang sein, dass sie alle Ärmel, die Sie darunter tragen, ausreichend schützen. Auf jeden Fall sollten sie Ihre Handgelenke bedecken – aber nicht so lang sein, dass sie bis auf Ihre Handrücken reichen. Der Rumpf endet traditionellerweise auf Höhe der Wadenmitte und schützt so das darunter getragene Sakko, Ihr Gesäß und einen Großteil Ihrer Hose in einem Aufwasch.

Etwas weniger Sorgfalt ist bei der Schulterweite nötig. Der klassische Trenchcoat ist mit sogenannten Raglanärmeln ausgestattet. Bei diesen ist die Armkugel über die Schulter bis hin zum Halsausschnitt verlängert. Dadurch ist die Schulterweite nicht durch die Position der Schulternaht festgelegt – es gibt schließlich keine Schulternaht im engeren Sinne. An welcher Stelle die darunter liegende Sakkoschulter auf den ohnehin nahezu gerade geschnittenen Ärmel des Mantels trifft, steht also nicht im Mittelpunkt des Interesses. Ganz ähnlich verhält es sich mit der Rumpfweite. Ein Trenchcoat ist absichtlich verhältnismäßig weit geschnitten, damit mehrere Schichten Kleidung ebenso darunter passen wie verschiedene Körpertypen. Eine korrekte, körperbetonte Passform wird über den Stoffgürtel sichergestellt und nicht über einen knapp zugeschnittenen Stoff, der den Körperkonturen folgt. Den Gürtel können Sie entweder mithilfe der Schnalle oder aber durch einen Knoten schließen – beide Trageweisen sind gleichermaßen anerkannt, wobei Zweitere zu einem etwas lässigeren Look beiträgt und sich im Alltag auch einfacher praktizieren lässt. Schließlich wollen Sie in der Öffentlichkeit nicht minutenlang an Ihrer Gürtelschnalle herumwerkeln, ehe Sie Ihren Mantel ablegen können.

Einkauf und Qualitäten

Beim Kauf Ihres Trenchcoats ist es besonders wichtig, dass Sie all jene Kleidungsstücke dabei haben, die Sie später darunter tragen werden: Nur so ist sichergestellt, dass die Länge der Mantelärmel korrekt angepasst werden kann und der Stoffgürtel genügend und richtig positionierte Löcher für den Dorn der Schließe aufweist. Lassen Sie sich während des Anprobierens nicht von Markennamen oder der hübschen Geschichte über die lange Tradition dieses oder jenes Herstellers blenden. Das Wichtigste ist, dass Ihr Mantel gut passt und dass er aus guten Materialien hergestellt wurde. Den Markennamen auf der Innenseite des Kleidungsstücks wird später niemand sehen – die Passform an seinem Träger dagegen jeder, der ein halbwegs geübtes Auge hat. Da Sie den Mantel idealerweise zehn Jahre und länger tragen können, wäre falsche Eitelkeit oder unverhältnismäßige Begeisterung für Namen und Geschichten hier fehl am Platz.

Von einer langen Lebensdauer Ihres Trenchcoats sollten Sie schon deshalb ausgehen, damit sich sein relativ hoher Anschaffungspreis rechnet. Denn – und das ist gleichzeitig eine der schlechtesten Nachrichten dieses Kapitels –: Ein guter Trenchcoat ist teuer. Kostensparende Maßnahmen sind hier nur sehr begrenzt sinnvoll, weil sie nicht nur die Haltbarkeit des Mantels drastisch reduzieren, sondern auch mit disproportional hohen Qualitätseinbußen verbunden sind. Vermeintlich günstige Trenchcoats sind nämlich oft nicht aus Gabardine hergestellt, sondern aus dünnem Popeline, das alles ist – nur nicht wasserdicht. Was zunächst als ein Schnäppchen erscheint, entpuppt sich somit schon nach kurzer Zeit als Fehlkauf und kommt Sie damit teurer zu stehen als der nominell teurere, echte Trenchcoat. Sie sehen: Der Preis für einen Trenchcoat, der bei etwa 600 Euro ohne zusätzliche Futter beginnt, mag auf den ersten Blick hoch erscheinen – langfristig ist er aber gerechtfertigt.

Pflege

Was Ihr neuer Mantel in der Anschaffung vom Budget verschlungen hat, macht er in Sachen Pflege wieder wett. Ein guter Trenchcoat hat so gut wie keine Pflege nötig. Selbstverständlich sollten Sie ihn spätestens nach jedem zweiten Tragen abbürsten, damit sich oberflächlicher Schmutz und Staub nicht übermäßig auf dem Oberstoff ansammeln und der Mantel so seine Farbbrillanz behält. Mehr als eine

Vollreinigung pro Jahr ist darüber hinaus aber nicht nötig, um ihn dauerhaft in Schuss zu halten. Die Futter sollten Sie nach jeder Saison einmal reinigen und dabei die Knöpfe auf der Innenseite des Mantels auf festen Sitz überprüfen. Knöpfe, die noch nicht abfallen, aber bereits gefährlich locker erscheinen, nähen Sie besser gleich neu an. Kenner und Könner tun dies «auf Stiel», also mit einigem Abstand zwischen Knopf und Stoff, wobei die Fäden zwischen beiden gegen Ende mit dem Nähgarn umwickelt und dadurch stabilisiert werden.

Weitere Mäntel

Wie gesagt hat der Trenchcoat den großen Vorteil, dass er ganzjährig getragen werden kann. Statt verschiedenen Mänteln für verschiedene Jahreszeiten kommen Sie so mit einem einzigen aus, was wiederum den Preis des guten Stückes relativiert. Falls Sie nun aber auf den Geschmack gekommen sind und Ihre Mantelgarderobe langfristig bereichern wollen, sollten Sie einen Blick auf die folgenden drei Mantelklassiker werfen:

Der Chesterfield Coat ist eine Ikone unter den formellen Mänteln. Sein Name weist auf seine Entstehungszeit hin, denn einer seiner ersten Fans soll der vierte Earl of Chesterfield gewesen sein. Dieser Mantel ist mit Ausnahme der Länge einem Sakko sehr ähnlich und wird grundsätzlich auf vergleichbare Weise hergestellt. Sein Schnitt ist körperbetont und knielang, wobei er einreihig oder zweireihig sein kann. Die häufigste Variante wird auf drei Knöpfe geschlossen. Sein Kragen ist häufig mit einem leicht kontrastierenden Samt besetzt. Der Chesterfield Coat hat eine Hüfttasche pro Seite und meistens eine Brustleiste. Er wird typischerweise aus grobem Schurwolltuch in Twill- oder Fischgrätbindung gefertigt und kommt meist in gedeckten Grau-, Blau- oder Brauntönen daher.

Der dunkelblaue oder schwarze Chesterfield Coat ist ein idealer Begleiter zur Abendgarderobe. Generell wird dieser Manteltyp eher zur Businessgarderobe als zu sportlichen Kombinationen getragen.

Mit dem Chesterfield eng verwandt ist der Covert Coat. Dieser Mantel ist allerdings immer einreihig und hat eine verdeckte Knopfleiste. Klassischerweise wird er aus schwerem, hellbraunem Whipcord gefertigt, einem groben, meist melierten Wollgewebe, das eine ähnliche Rippenstruktur aufweist wie Twill, aber im Griff deutlich körniger daherkommt. Der Schnitt des Covert Coat ist eng und mutet leicht militärisch an, wobei der Saum bis in die Kniekehlen reicht. Die Enden der Ärmel und des Rumpfes weisen sogenannte Railroadings auf, also mehrere Steppnähte, die parallel zueinander verlaufen. Diese waren ursprünglich eine Reparaturmaßnahme für kleine Löcher und gezogene Fäden. Je mehr Railroadings Mann am Ärmel hatte, desto unerschrockener war er. Heute haben sie nur noch dekorative Zwecke. Der Covert Coat ist etwas weniger formell als der Chesterfield Coat, kann aber problemlos zum Anzug getragen werden.

Der Dufflecoat dagegen ist der Freizeitgarderobe vorbehalten. Äußerstenfalls kann man ihn mit einer sportlichen Kombination tragen. Am besten sieht er jedoch zusammen mit einem Kaschmirpullover, einem sportiven Hemd und einer Chino aus. Loafer komplettieren diesen klassischen Freizeitlook. Der Dufflecoat ist ein einreihiger, oberschenkellanger Mantel, der sofort an seinem breiten Sattel und den charakteristischen Knebelschließen zu erkennen ist. Außerdem ist er einer der wenigen klassischen Mäntel mit Kapuze. Er wird aus schwerem Walkfilz hergestellt und ist entweder ungefüttert oder mit einer Schicht wärmendem Baumwollflanell ausgeschlagen. Typischerweise ist er entweder beige oder dunkelblau. Wie und wo er genau entstand, ist bis heute nicht geklärt. Doch diese historische Ungewissheit nimmt man gerne in Kauf, wenn das Ergebnis derart warm und bequem ausfällt.

Darüber hinaus gibt es eine ganze Reihe weiterer mehr oder weniger bekannter Manteltypen. Die meisten davon sind aber entweder von der Stange kaum zu bekommen oder in ihrer Kombinierbarkeit zu sehr eingeschränkt für eine alltagstaugliche Garderobe.

Das Sportsakko

Gerade in Zeiten, in denen das Arbeitsumfeld immer seltener auf einen strikten Dresscode oder gar auf Anzugpflicht setzt, kommt dem Sportsakko eine ungemein wichtige Rolle im Kleiderschrank des Mannes zu. Vom einstigen Freizeit- und Gelegenheitssakko hat es sich für viele zum Mittelpunkt des täglichen Outfits gewandelt und wird sich von dieser Position auch so schnell nicht mehr verdrängen lassen. Dabei kommt ihm die seltene Ehre zu, für die Businessgarderobe und für die Freizeitkleidung gleichermaßen wichtig zu sein. Seinen Einsatz zu meistern, stellt damit eine Schlüsselqualifikation des gut gekleideten Mannes dar. In diesem Kapitel erfahren Sie alles, was Sie wissen müssen, um die richtigen Sakkos kaufen und sie stilsicher kombinieren zu können.

Schnitt und Details

Das Sportsakko, oft auch Sportjacke genannt, unterscheidet sich zunächst kaum von der Anzugjacke. Vielmehr stellt es eine vielseitigere und in seinen Details wesentlich vielfältigere Variante des Sakkos dar, das bereits im Kapitel über den dunkelblauen Anzug beschrieben wurde. Dabei ist das Sportsakko, wie wir es heute kennen und tragen, bereits eine drastische Vereinfachung und Uniformierung dessen, was man beispielsweise noch in den 1930er Jahren favorisierte. So gleicht die grundsätzliche Konstruktion heutzutage der einer Anzugjacke, und lediglich Feinheiten wie Taschenformen, dekorative Stiche, Art und Menge des Futters sowie die verwendeten Materialien heben das Sportsakko von seinem formelleren Bruder ab. Generell kann man sagen, dass das Sportsakko in jeder Hinsicht mehr darf als die Anzugjacke. Es darf lauter sein, was seine Stoffe angeht, es darf aber auch mehr und auffälligere Details zur Schau stellen. So können die Taschen beispielsweise aufgesetzt sein und sogar speziell geformte Klappen und Knöpfe aufweisen. Zurückhaltung gehört also nicht unbedingt zu den Tugenden des Sportsakkos – und das sollte auch nicht so sein. Im Gegenteil: Ein Sportsakko, das zu sehr einer Anzugjacke ähnelt, beginnt seine Berechtigung zu verlieren. Wo bliebe denn da der Unterschied?

Wenn der moderne Anzug in seiner gesamten Konstruktion leichter und bequemer ist als sein historisches Vorbild, dann kann man das Sportsakko als die konsequente Weiterentwicklung dieses Trends betrachten. So ist es in vielen Fällen mit weniger Einlagematerialien, häufig auch mit einem Halbfutter verarbeitet. Die leichtesten Vertreter verzichten vollständig auf Fixierungen, Einlagen und Futtermaterial und bestehen lediglich aus Oberstoff. Daran, wie die Nahtzugaben versäubert sind, können Sie besonders gut nachvollziehen, wie sorgfältig man beim Zuschnitt der Jacke vorgegangen ist. Die unkonstruiert verarbeiteten Sportsakkos tragen sich vor allem im Sommer sehr angenehm, weil weniger Material die Luft am Zirkulieren hindert.

In Sachen Taschenform stellen einfache aufgesetzte Taschen die häufigste Abweichung von der Anzugjacke dar. Dabei werden die Taschen nicht in die Sakkofront geschnitten, sondern der Taschenbeutel wird gewissermaßen aus Sakkooberstoff gearbeitet und auf die Vorderseite aufgenäht. Ästhetisch einwandfreie aufgesetzte Taschen sind nicht vollständig symmetrisch, sondern passen sich in ihrer Linienführung dem Umfeld des Sakkos an. So sollte die Oberkante der Brusttasche beispielsweise nicht horizontal verlaufen, sondern vom Revers zur Schulter hin leicht ansteigen und so das natürliche Ideal der V-Form eines männlichen Oberkörpers betonen. Die

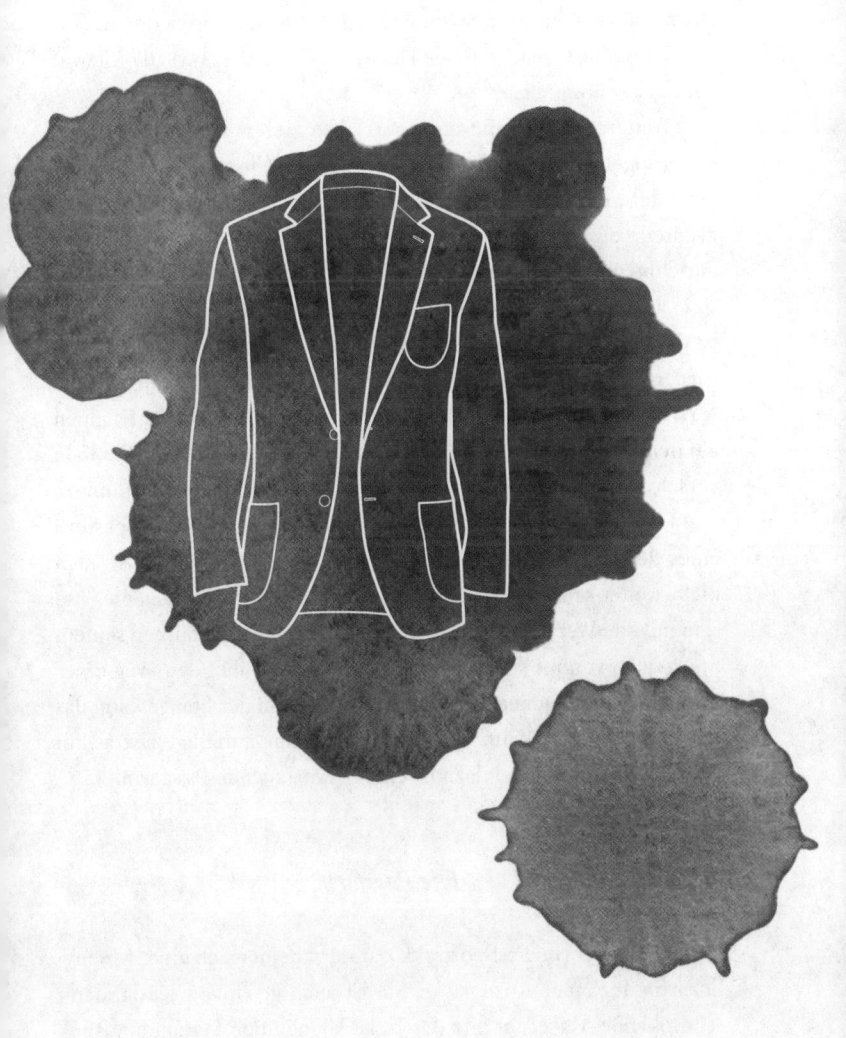

Hüfttaschen dürfen an ihren Vorderseiten ebenfalls geringfügig niedriger sein als hinten, womit sie die natürlichen Rundungen des menschlichen Körpers unterstreichen. Zusätzlich können sie eine Patte und auch eine sogenannte Quetschfalte aufweisen, die die Tasche geräumiger macht. Beide Details sind allerdings von der Stange kaum zu bekommen.

Weitere Details, die ein Sportsakko zieren können, schließen einen sogenannten Rückengürtel ein. Er besteht aus einem Streifen Oberstoff, der sich in Taillenhöhe horizontal über die beiden Rückenteile des Sakkos zieht. Dieses Stilelement ist der Norfolkjacke entlehnt, einer Sportjacke für die Jagd, deren schmückende Details stets auch eine spezifische Funktion innehatten. Der Rückengürtel ist das einzige Detail, das außerhalb dieses Jackentyps in der Sportgarderobe überlebt hat. Andere Extras der Norfolkjacke wie etwa die vertikale Tasche auf der Vorderseite oder die Riegel und Klappen auf den Schultern sind dagegen fast vollständig aus der Herrenmode verschwunden und wirken heutzutage auch allzu schnell kostümiert.

Das durchschnittliche Sportsakko wird aber ohnehin höchstens eines der ungewöhnlicheren Details aufweisen – und das ist auch nicht weiter schlimm. Wichtig ist nur zu wissen, dass dies nicht so sein müsste. Wer unbedingt mehrere extravagante Details an seinem Sportsakko vereint sehen will, wird wohl oder übel den Weg einer Maßanfertigung gehen müssen. Doch auch von der Stange kann das Sportsakko mehr als nur annehmbar aussehen, auffällige Extras hin oder her. Der Schlüssel dazu ist eine hervorragende Passform.

Die Passform

Auch die Passform des Sportsakkos unterscheidet sich nicht wesentlich von der einer Anzugjacke. Sie ist auch genauso wichtig, denn schon kleine Makel im Sitz der Jacke können den Gesamteindruck

Ihres Outfits ruinieren. Die Passfom ist und bleibt – das kann man nicht oft genug betonen – das wichtigste Attribut eines jeden Kleidungsstücks. Achten Sie besonders auf die korrekte Länge Ihres Sportsakkos, die durch den Kontrast zwischen Jacke und Hose deutlicher heraussticht als beim Anzug. Eine zu lange Jacke lässt Ihren Oberkörper überlang und Ihre Beine zu kurz aussehen. Eine zu kurze Jacke dagegen wirkt, als wären Sie aus ihr herausgewachsen – davon einmal ganz abgesehen, dass sie wichtige Funktionen nicht adäquat erfüllen kann, wie etwa Ihr Gesäß vor Wind und Kälte zu schützen. Auch das Sportsakko sollte also mindestens das Gesäß bedecken und ist korrekterweise exakt so lang wie die Hälfte der Strecke zwischen dem Boden und der Mitte Ihres Halses.

Weiter sollte der Ärmel mit derselben Aufmerksamkeit bedacht werden, die dem einer Anzugjacke zuteil wird. Sportsakkos haben aus historischen Gründen und um ihren weniger formellen Charakter zu unterstreichen häufig nicht so viele Knöpfe am Ärmel wie Anzugjacken, also in der Regel zwischen einem und drei. Dies macht sie allerdings nicht weniger anfällig für falsche Ärmellängen oder schlampige Änderungen an dieser Stelle. Die richtige Länge des Ärmels ist einer der Faktoren, an denen nahezu jeder erkennt, ob Sie sich Mühe geben gut auszusehen oder nicht. Eine der Besonderheiten des Ärmels an einem Sportsakko ist, dass er weit genug sein sollte, damit Sie einen Pullover zwischen Hemd und Sakko tragen können. Für die meisten Anzüge ist diese Kombination zu sportlich – hier dagegen ist sie genau richtig. Gleiches ist bei der Weite des Sakkos selbst zu beachten. Die Taille sollte einerseits nicht so eng sein, dass in Kombination mit einem Pullover der Eindruck entsteht, Sie bekämen keine Luft, andererseits aber auch nicht so weit, dass jegliche Form des Sakkos verloren geht. Auch die Brust darf keinesfalls zu eng sein, da sich sonst das Revers nach außen wölben oder gar ein Knick entstehen kann. Auch wenn sich eine zu knapp bemessene Brustweite nicht zwangsläufig einengend anfühlt, wird die Jacke doch immer so aussehen, als würden Sie darin verkrampfen und sich unwohl fühlen. Bedenken Sie: Gute Passform bedeutet nicht unbedingt enge Passform.

Für die Schulterweite besitzen die von der Anzugjacke bereits bekannten Regeln ihre Gültigkeit unverändert. Die Sakkoschulter soll Ihre eigene Schulter umarmen, aber weder einengen noch künstlich breiter wirken lassen. Viele Sportsakkos sind heute, um ihre generell leichtere und weniger strukturierte Konstruktion zu unterstreichen, nicht mit Schulterpolstern ausgestattet. Diese gefährlich bequem zu tragende Schulterverarbeitung ist immer etwas weniger formell als ihr korrekt aufgebautes Gegenstück. Mittlerweile wird sie häufig durch eine eingeschobene Armkugel komplettiert. Diese war lange Zeit den Kunden neapolitanischer Maßschneider vorbehalten, fand aber in den letzten Jahren auch in der Konfektion immer größere Verbreitung. Die herkömmliche Verarbeitung der Schulternaht sieht vor, dass die sogenannten Nahtzugaben von Schulter und Ärmel, also der überschüssige Stoff im Inneren, auseinandergebügelt oder vollständig in den Ärmel geklappt werden. Bei der eingeschobenen Armkugel werden beide Nahtzugaben in Richtung Hals gebügelt und meist durch eine zusätzliche Naht fixiert. Diese kann entweder maschinell oder von Hand ausgeführt sein, wobei sie im letzteren Fall deutlich weniger sichtbar ist.

Die ungepolsterte und ungefütterte Schulter verlangt besondere Sorgfalt bei der Anprobe, weil die leichte Konstruktion nur wenig Spielraum für eine mangelhafte Passform lässt. Männern mit stark fallenden Schultern oder einer etwas krummen Haltung sei von dieser Schulterform gänzlich abgeraten, weil die Gefahr diagonaler Zugfalten zu groß ist und die gesamte Silhouette nicht sonderlich elegant wirkt, wenn die Schultern unvorteilhaft repräsentiert werden.

Stoffe

Für kaum ein anderes Kleidungsstück ist die Auswahl verfügbarer Stoffe größer als für das Sportsakko. Dabei hat sich die Bandbreite der verwendeten Materialien, Webarten und Gewichte in den letzten Jahrzehnten stetig erweitert. Waren die Stoffe, die früher für ein Sportsakko in Frage kamen, allesamt fest, schwer und verhältnismäßig grob, so gibt es heute sogar Gewebe, die kaum schwerer sind als ein durchschnittlicher Hemdenstoff. Die enormen Fortschritte, die die Textilindustrie seit der vorletzten Jahrhundertwende gemacht hat, brachten immer neue, differenziertere Herstellungsmethoden mit sich. Für aktuelle Hightechstoffe können beispielsweise selbst die feinsten Fasern relativ haltbar versponnen und gewebt werden. Wie auch leichte Anzugstoffe büßen sie dennoch gegenüber einem altmodischeren Stoff immer einiges an Belastbarkeit ein.

Je nachdem, für welche Jahreszeit und welchen Zweck das Sportsakko bestimmt ist, kommen unterschiedliche Stoffe zum Einsatz. Der Klassiker schlechthin, der sich vor allem für die kalten Tage des Jahres und allgemein für eine starke Beanspruchung eignet, heißt Tweed. Sein Name ist eigentlich das Produkt eines Missverständnisses: Ein Londoner Schneider, berüchtigt für seine unleserliche Handschrift, soll einmal den Stoffwunsch für eine Bestellung eines Kunden als «heavy tweel» (die alte Schreibweise für «twill») notiert haben. Seine Mitarbeiter konnten diese Zeile nicht richtig entziffern und lasen sie als «heavy tweed». Diese Verballhornung konnte das Gewebe bis heute nicht ablegen. Tweed war ursprünglich ein robuster, schwerer Wollstoff für Jagd und Sport, und sein Gewicht überschreitet auch heute noch nicht selten 600 Gramm pro Laufmeter. Seine Farben und Muster sollten sich der Natur anpassen, die seinen Träger umgab, was die noch immer verbreitete tonale Palette zwischen Schilfgrün, Braun, Rot und Gelb erklärt. Viele Tweeds alter Machart sind darüber hinaus so dicht und reißfest, dass man sie unter Schneidern liebevoll als «Hundertjährige» bezeichnet. Oft sind bestimmte Muster und Farbstellungen mit einzelnen Landschaften oder gar Familien in Großbritannien verbunden. Für Sie ist das freilich von untergeordneter Bedeutung. Wichtig zu wissen ist einzig und allein, dass der Reichtum an Mustern und Farben den Tweed zu einem idealen Instrument der vielseitigen Garderobe macht. Mehrfarbige Karomuster auf einem stark kontrastierenden Fischgrät eignen sich hervorragend für ein endlos kombinierbares Sportsakko.

Für den Sommer gibt es sowohl die klassischen porösen Gewebe aus meist einfarbigem Leinen, Baumwolle oder Seide als auch eine stetig wachsende Zahl dünner Wollstoffe, deren Muster klassischen Tweeds nachempfunden sind. Da Tweed im Sommer wirklich das Letzte ist, was man gerne trägt, lag es nahe, seine kombinationsfreundlichen Muster auf leichtere Gewebe zu übertragen. Anfangs war das gar nicht so einfach, denn viele der bewährten Farbstellungen wollten in ihren Kammgarnvarianten nicht so recht wirken. Der Schlüssel zum endgültigen Erfolg dieser Gewebeklasse lag darin, die Gewebe nicht nur leichter, sondern auch heller zu gestalten. Wenn Sie also auch an warmen Tagen nicht auf die bunte Vielfalt aus der Welt der Tweeds verzichten wollen, ist ein Pseudotweed aus feiner Schurwolle eine gute Alternative. Andernfalls sei zu einfarbigen porösen Mischgeweben in klassischen Sommerfarben wie Mittelblau, Creme, Beige oder Hellbraun geraten. Für eine haltbare, pflegeleichte Garderobe ist ein Mischgewebe einem Sommerstoff aus reinem Leinen vorzuziehen, weil sich hier die Vorzüge der einzelnen Fasern optimal ergänzen. Leinen sorgt für Luftzirkulation und Leichtigkeit, Wolle verhindert Knittern und wirkt temperaturausgleichend, Seide nimmt Feuchtigkeit auf, ohne sich nass anzufühlen. Ein gutes Gewicht für diese Stoffklasse beläuft sich auf etwa 280 Gramm pro Laufmeter. Ein ganzjährig tragbarer Blazer sollte hingegen aus einem Stoff gemacht sein, der etwa 330 Gramm pro Laufmeter auf die Waage bringt.

Der Blazer stellt ohnehin eine Klasse für sich unter den Sportsakkos dar. Es gibt ihn in zwei verschiedenen Varianten. Der Navyblazer ist in der Regel dunkelblau, doppelreihig und mit Metallknöpfen ausgestattet, während der Clubblazer blau sein kann, aber nicht muss. Er kann ebenso gut flaschengrün, dunkelrot oder sogar senfgelb sein. Der Clubblazer ist immer einreihig und muss nicht über Metallknöpfe verfügen. Während der Navyblazer von den Uniformjacken der britischen Marine abstammt, hat der Clubblazer seinen Ursprung in den Rudervereinen britischer Colleges. Für beide Arten eignen sich mittelschwere Twills, Wollflanelle oder der sogenannte Hopsack, ein Schurwollstoff aus hochverzwirnten Garnen. Aufgrund seiner groben Textur und des typischen trockenen Griffes wirkt er sportlicher als die beiden zuvor genannten Gewebe. Vor allem der Clubblazer sieht übrigens mit aufgesetzten Taschen gut aus. Der Navyblazer kann hingegen auch mit Pattentaschen einen gelungenen Eindruck machen.

Einkauf, Qualitäten und Preise

Um die Passform Ihres künftigen Sportsakkos schon bei der Anprobe korrekt einschätzen zu können, sollten Sie zum Einkauf unbedingt ein Hemd und nach Möglichkeit auch einen Pullover oder eine Strickjacke tragen. Achten Sie darauf, dass trotz des Pullovers der Halsring des Sakkos glatt am Hemdkragen anliegt und nicht vom Hals absteht. Falls dies doch der Fall ist: Bitten Sie Ihren Einkaufsberater, den Halsring etwas anheben zu lassen, um den Defekt zu beheben. Auch die Weite des Sakkos wird in der Regel angepasst werden müssen und kann direkt bei der Anprobe abgesteckt werden. Ein guter Verkäufer mit dem notwendigen Blick für eine gute Passform wird dabei nie so eng stecken, dass das Sakko um die Taille spannt. Außerdem sollte er den enger zu machenden Bereich nicht einfach entlang der mittleren Rückennaht abstecken, sondern die überschüssige Weite von den seitlichen Rückennähten her entfernen. So kann die Silhouette des Sakkos besser erhalten werden und der Rücken fällt glatter.

In Sachen Preis ist das Sportsakko nicht gerade leicht einzuordnen. Einerseits ist die Preisspanne riesig, andererseits steigt mit dem Preis die Qualität nicht unbedingt proportional an. Vielmehr weisen die günstigsten und die teuersten Sakkos das beste Preis-Leistungs-Verhältnis auf. Wie schon den Anzug kann man auch das Sportsakko in vollfixierte, teilfixierte und unfixierte Exemplare unterteilen. Vollfixiert verarbeitete Sakkos sind bereits ab 200 Euro zu haben. Diese einfache Produktklasse ist in der Regel vollständig maschinell verarbeitet und wird in großen Stückzahlen hergestellt. Die Schnitte sind einfach und mit großer Toleranz an den kritischen Stellen berechnet, damit möglichst viele Kunden hineinpassen. Gegen solche Sakkos ist prinzipiell nichts einzuwenden – sie können für den Aufbau einer ersten Garderobe sehr nützlich sein, da man bereits für relativ wenig Geld eine kleine Auswahl gut kombinierbarer Stücke ansammeln kann.

Mit der Zeit dürfen Sie diejenigen einfachen Sakkos, die nicht mehr tragbar sind, allerdings gerne durch hochwertigere Modelle ersetzen. Hier wird eine Investition von mindestens 600 Euro nötig, die allerdings mit besten Stoffen, detailgenauen Schnitten und sorgfältiger Verarbeitung belohnt wird. Das Innenleben dieser Sakkos ist mindestens teilfixiert, idealerweise sogar unfixiert verarbeitet. Alle Kanten sollten mit einem von Hand ausgeführten Punktstich verstärkt sein. Dagegen sind die Kanten weniger aufwendig produzierter Sakkos mit einer eigens dafür entwickelten Maschine bearbeitet. Eine solche Maschine kann je nach Ausführung sogar die Unregelmäßigkeiten händischer Stiche imitieren und ist oft schwer zu entlarven. Aufgrund der höheren Fadenspannung ist der maschinelle Punktstich aber häufig deutlicher sichtbar als sein handgemachtes

Gegenstück. Alle diese Details tragen dazu bei, dass das hochwertige Sportsakko länger schön bleibt und mit der Zeit einen eigenen Charakter bekommt, der schnöde Abnutzung bei Weitem übertrifft.

Die Garderobe des Berufseinsteigers darf – schon aus Rücksicht auf seine finanzielle Situation – aus einer Reihe einfach verarbeiteter Sportsakkos bestehen. Nach und nach sollte aber auch er ein Upgrade in Richtung hochwertiger Modelle anstreben, weil diese langfristig wirtschaftlicher sind. Die um ein Vielfaches höhere Haltbarkeit macht sie letztendlich sogar häufig günstiger. Das alles nützt Ihnen freilich wenig, wenn Sie die Mittel für ein solches Sakko nicht aufbringen können. Doch man kann es nicht oft genug sagen: Kaufen Sie stets das Beste, was Sie sich leisten können.

Die preisliche Mittelklasse der Sportsakkos ist aus diesen Gründen in aller Regel keine gute Wahl. Sie bietet für den im Vergleich zu einfachen Sakkos höheren Kaufpreis meist keinen erheblichen Mehrwert, sondern bereichert das günstige Produkt lediglich um einige hübsche, aber letzten Endes weder nützliche noch der Haltbarkeit dienliche Details. Da diese Details meist maschinell ausgeführt sind, ist auch der ästhetische Nutzen fraglich. Oft sind solche Sakkos also ein klarer Fall von falsch investiertem Geld. Warten Sie mit dem Kauf besser noch so lange, bis Sie sich ein hochwertiges Sakko leisten können, und geben Sie sich bis dahin mit dem einfachen zufrieden.

Unabhängig von der Verarbeitungsqualität gelten für das Sportsakko dieselben Pflegehinweise wie für den Anzug. Das bedeutet in erster Linie, so selten wie möglich die chemische Reinigung zu bemühen. Stattdessen sollten Sie Ihr Sakko nach jedem Tragen lüften und gründlich abbürsten. Gelegentliches Aufhängen im feuchtwarmen Badezimmer – beispielsweise nach dem Duschen – hilft, etwaige Falten schonend zu glätten. Ein Bügeleisen hingegen richtet in Laienhänden auf dem Sakko mehr Schaden an, als es tatsächlich nützt. In der Regel ist es auch gar nicht notwendig, die Badezimmertherapie reicht vollkommen aus.

Kombinationen

Das erste Sportsakko sollte aus mittelschwerem Tweed bestehen. So ist es in gemäßigten Klimazonen fast das gesamte Jahr über tragbar – von den Sommermonaten einmal abgesehen. Idealerweise handelt es sich dabei um ein mehrfarbiges Gitterkaro auf kontrastierendem Fischgrät. Rostrot und Gelb auf dunkelgrünem oder dunkelbraunem Grund sind immer eine gute Wahl und mit etwas Mühe auch fast überall erhältlich. Die Kombinationsmöglichkeiten sind beinahe endlos. Tragen Sie dieses Sakko zu einer Chino, einem hellblauen Hemd und braunen Brogues oder zu einer mittelgrauen Flanellhose und einer dunkelroten Strickkrawatte. Auch die Kombination mit Jeans und Loafern ist möglich und ergibt ein überaus ansehnliches Freizeitoutfit.

Das Sportsakko wird, auch wenn sein Name eine gewisse Lässigkeit im Umgang nahelegt, im Stehen stets geschlossen getragen, sofern Sie zwischen Hemd und Sakko nicht noch eine dritte Schicht – wie zum Beispiel einen Pullover oder eine Strickjacke – tragen. Für die Knöpfe gelten dieselben Regeln wie bei Anzugjacken: Beim Dreiknopfsakko werden die oberen beiden Knöpfe oder nur der mittlere geschlossen. Beim Zweiknopfsakko bleibt der untere der beiden Knöpfe offen. Das Einknopfsakko wird logischerweise vollständig zugeknöpft.

Weitere Sakkos

Von dem steigenden Bedarf an Sportsakkos in der heutigen Zeit ausgehend, lohnt sich ein rascher Blick auf weitere Modelle, die Einzug in Ihren Kleiderschrank halten dürfen. Die erste sinnvolle Anschaffung nach dem mittelschweren Tweedsakko stellt ein Club- oder Navyblazer dar. Der einreihige Clubblazer ist das weiter verbreitete

Modell und lässt sich leichter ändern, weshalb Sie ihm den Vorzug geben sollten. Durch die häufig aufgesetzten Taschen bietet er außerdem reichlich visuelle Abwechslung zum gewohnten Bild eines Sakkos und kann dadurch Ihre üblichen Outfits auffrischen. Tragen Sie ihn zu einer grauen Tuchhose und braunen Halbschuhen. Sie können den Blazer auch mit einer Krawatte kombinieren, solange diese nicht zu formell ist. Bedruckte Seide eignet sich hier besonders gut. Vergessen Sie nicht das weiße Leinentuch in der Brusttasche!

Als Nächstes wird es höchste Zeit für ein leichtes Sommersakko. Kaufen Sie eines, das Sie als weniger formelle Alternative zum Anzug im Büro tragen können, das aber auch als luftige Alternative zum Tweedsakko dienen kann. Das ideale erste Sommersakko ist beige oder hellbraun, aus porösem Stoff gefertigt und nur leicht oder gar nicht gefüttert. So müssen Sie auch an heißen Tagen nicht auf einen vollständig gekleideten Look und die wertvollen Taschen eines Sakkos verzichten. Ein gutes Sommersakko ist besonders knitterresistent, weil feuchtwarme Luft die Faltenbildung fördert und das Gewebe dem etwas entgegensetzen können sollte. Die bereits beschriebene Materialmischung aus Wolle, Seide und Leinen ist hier optimal.

Nach diesen Sakkos liegt die Wahl bei Ihnen. Welche der genannten Jacken tragen Sie am häufigsten? Um eine vorschnelle Abnutzung dieses guten Stückes zu vermeiden, lohnt sich die Anschaffung eines zweiten Sakkos vom selben Typ. Dieses darf dem ersten ähnlich sein, sollte ihm allerdings nicht aufs Haar gleichen. Immerhin ist die Auswahl guter Stoffe für Sportsakkos so groß, dass sich dieses Problem in der Praxis auch kaum stellen wird. Behalten Sie beim Sakkokauf stets auch die anderen Bestandteile Ihrer Garderobe im Auge, die Sie dazu tragen werden, um später bei der Zusammenstellung eines Outfits keine bösen Überraschungen zu erleben. Derart gerüstet dürfen Sie allen sakkotauglichen Situationen gelassen entgegenblicken.

Die mittelgraue Tuchhose

Mittlerweile haben Sie Ihren Kleiderschrank bereits mit einigen Stücken für obenherum gefüllt. Was aber dazu tragen, wenn es nicht die Anzughose sein soll? Auftritt: die mittelgraue Tuchhose. Eigentlich könnte man sie auch einfach nur Hose nennen – in Abgrenzung zu Hosen für die Freizeit, die meist aus gröberen Stoffen hergestellt werden, hat sich aber für dieses Stück der Name «Tuchhose» durchgesetzt. Viele Männer bezeichnen sie auch als Stoffhose, was allerdings einiges an Präzision in der Nomenklatur vermissen lässt. Chinos und Jeans bestehen schließlich ebenfalls aus Stoff, wenn auch aus einem gänzlich anderen. Stoffe, aus denen man auch Anzüge machen könnte, nennt man Tuche – und genau solche Tuche kommen eben für die Tuchhose in Betracht. Also Tuchhose, nicht Stoffhose.

Schnitt und Details

Noch bis ins 20. Jahrhundert hinein trug Mann seine Hosen ausschließlich knielang. Dazu wurden farbige Strümpfe aus Wolle oder Seide kombiniert. Mit Ausnahme von Brauchtumskleidung hat diese Art Beinkleid aber inzwischen jede Bedeutung verloren. Die Hose in ihrer heutigen Form und wie sie für einen Mann in Gesellschaft angemessen ist, ist immer lang. Kurze Hosen egal welcher Art eignen sich höchstens für Grillabende im heimischen Garten oder Wandertouren, auf keinen Fall aber fürs Büro. Hier schlägt die Stunde der Tuchhose, und zwar immer dann, wenn ein Anzug zu förmlich wäre.

Im Gegensatz zur Anzughose kann und soll die Tuchhose neben den obligatorischen Schubtaschen an den Seitennähten auch über Gesäßtaschen verfügen. Diese sind idealerweise als sogenannte doppelte Paspeltaschen ausgeführt. Man erkennt sie leicht an den beiden schmalen Leisten aus Oberstoff, welche die Taschenkante einfassen. Diese geben der Tasche zusätzliche Stabilität und verhindern so, dass durch häufiges Hineingreifen oder durch die Spannung beim Hinsetzen und Gehen das Gewebe frühzeitig ausleiert. Ein Knopf hilft, den Inhalt der Tasche auch bei ständiger Bewegung am Herausfallen zu hindern. Gesäßtaschen mit Patten und Knöpfen sind dagegen im Alltag eher hinderlich, weil sie zu umständlich zu bedienen sind und unter einem Sakko überflüssig auftragen.

Ein weiteres sinnvolles Detail ist eine sogenannte Bundverlängerung. Der Schließknopf des Hosenbundes ist dabei nicht mittig unterhalb des Bauchnabels platziert, sondern einige Zentimeter nach rechts versetzt und wird durch einen weit über die Hosenmitte hinausragenden Bundübertritt geschlossen. So wird die Zugspannung im Bund insgesamt besser verteilt und die Hose trägt sich wesentlich bequemer. Der Hosenstall kann entweder mit einem Reißverschluss oder nach althergebrachter Methode mit Knöpfen verschlossen sein. Diese Verschlüsse haben jeweils ihre eigenen Vor- und Nachteile. So sitzt ein mit Knöpfen verschlossener Hosenstall im Sitzen deutlich vorteilhafter und glatter, während das Modell mit Reisverschluss im täglichen Gebrauch etwas unkomplizierter ist. Für welche der beiden Varianten Sie sich entscheiden, bleibt Ihnen überlassen.

Wie auch jede moderne Anzughose verfügt die Tuchhose über Bügelfalten vorne und hinten entlang der Hosenbeine. Sie verbessern den Fall der Hose und stabilisieren den ansonsten eher leichten Stoff, aus dem diese besteht. Damit die Bügelfalten nicht aus dem Nichts entspringen, bietet sich die Kombination mit einer oder mehreren Bundfalten je Hosenbein an. Grundsätzlich ist die Hauptfunk-

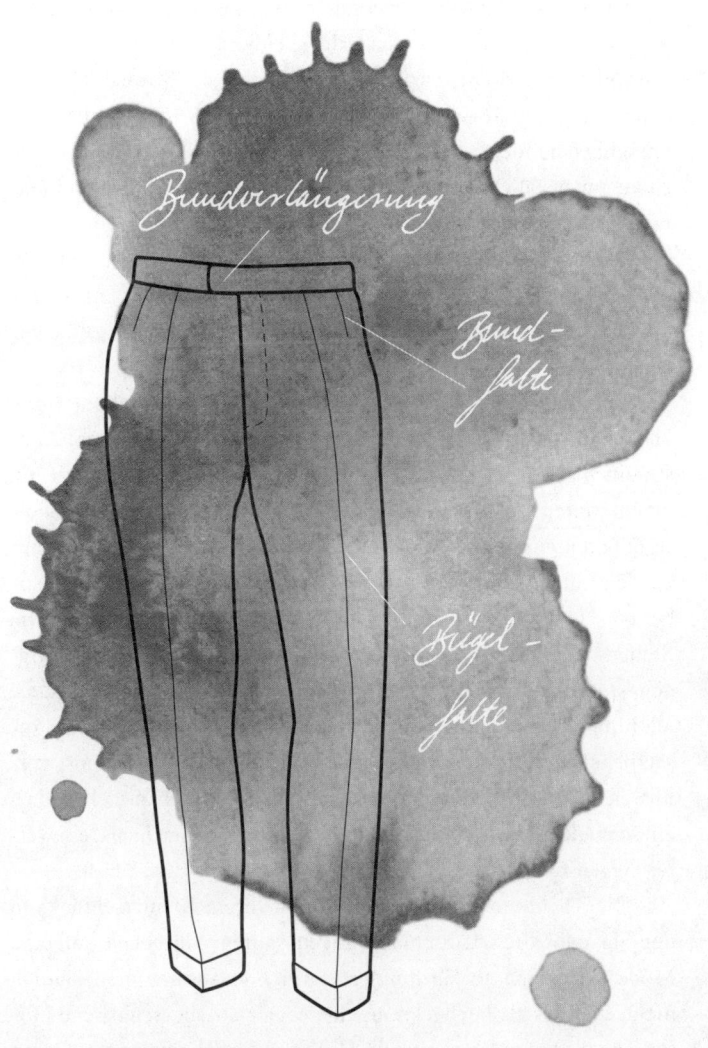

Bundverlängerung

Bund-
falte

Bügel-
falte

tion der Bundfalte, für zusätzliche Bequemlichkeit vor allem im Sitzen zu sorgen. Nebenbei ermöglicht sie eine akkuratere Passform um die Hüfte herum. Eine Bundfalte je Hosenbein ist für diese Zwecke völlig ausreichend. Sie ist dann direkt über der Mitte des Hosenbeins platziert und geht in die Bügelfalte über. Damit sie sich auch tatsächlich auf den Tragekomfort der Hose auswirkt, sollte sie nicht zu knapp ausfallen – ein guter Zentimeter Tiefe darf es schon sein. Eine zweite, kleinere Bundfalte, die außen neben der großen angebracht wird, hält diese sicherer geschlossen. Stellen Sie sich die beiden Bundfalten wie ein Muskelpaar vor – es braucht immer die Spannung der einen, um eine Entspannung der anderen zu bewirken.

Bundfalten sind entgegen der derzeit gängigen Meinung unter Herrenausstattern und Modemachern keinesfalls altbacken. Auch stimmt das Vorurteil nicht, Bundfalten würden grundsätzlich mit einem weiten Hosenschnitt einhergehen. Die Frage, ob und wieviele Bundfalten eine Hose aufweisen soll, hat mit dem übrigen Schnitt zunächst nichts zu tun. Selbst eine mit zwei Bundfalten je Bein gearbeitete Hose kann schmal geschnitten sein. Da die Bundfalten im Stehen ohnehin geschlossen sein sollten und dadurch nicht auftragen, spielen sie sowieso nur im Sitzen eine Rolle. Hier können sie allerdings vor allem schmale Schnitte um das nötige Quentchen zusätzlichen Komforts bereichern, den die Slim-Fit-Mode sonst vermissen lässt. Streng genommen kann man also davon ausgehen, dass ein schmaler Hosenschnitt Bundfalten eher nötig macht als sein weites Gegenstück.

Die Tuchhose ist diejenige Hose in Ihrem Kleiderschrank, an der Sie unbedingt Umschläge tragen sollten. Sie gehen auf eine Mode des frühen 20. Jahrhunderts zurück und waren ursprünglich nichts anderes als hochgekrempelte, aber glatt abgeschlossene Hosensäume. Was anfangs nur die Hose vor Verschmutzung schützen sollte, wurde spätestens dann zum Trend, als die Sprösslinge der britischen Königsfamilie dieses Detail in ihre Tagesgarderobe aufnahmen. Heute sind Umschläge oder Stulpen eine vollkommen akzeptierte Form, das Hosenbein zu säumen, solange es um informelle Garderobe geht. Für Frack, Smoking oder Cutaway sind Umschläge nach wie vor tabu. Neben dem optisch sauberen Abschluss des Hosenbeins haben sie auch noch den Vorteil, dass der mehrfach umgeschlagene Stoff für zusätzliches Gewicht sorgt und dadurch die Hose davor bewahrt, in der Bewegung übermäßig zu flattern. Die Höhe der Umschläge sollte zu den übrigen Proportionen Ihres Outfits und vor allem der Hose passen. Von Umschlägen unter drei und über fünf Zentimetern Höhe sei generell abgeraten. Paradoxerweise können vor allem sehr kleine und sehr große Männer gut hohe Umschläge tragen, alle anderen sehen mit einer moderaten Umschlaghöhe von vier Zentimetern am besten aus.

Stoffe

Dass die Tuchhose so heißt, weil sie aus Tuch besteht, also dem Material, das man auch für Anzüge verwendet, haben wir bereits geklärt. Dass deswegen aber für diese Hose nicht jeder beliebige Schurwollstoff infrage kommt, versteht sich fast von selbst. Wichtig ist, dass Tuche, die zu Hosen verarbeitet werden, besonders haltbar und reißfest sind. So sind sie im Alltag unkomplizierter zu tragen und lassen sich besser mit den natürlichen Partnern der Tuchhose kombinieren: Sportsakkos jeder nur erdenklichen Art. Vor allem mehr oder weniger stark melierte Tuche sind ausgesprochen vielseitig einsetzbar. Die folgenden Stoffe haben sich teilweise über Jahrzehnte bewährt und ergeben allesamt hervorragende Tuchhosen für den alltäglichen Gebrauch.

Whipcord ist ein zu Unrecht fast vergessenes Gewebe. Der Wollstoff, den man hierzulande auch Peitschenschnurcord nennt, ist leicht an seiner betonten Twillstruktur zu erkennen, die sich aus der Beschaffenheit der Garne ergibt. Diese sind zudem oft meliert, was das Webbild weiter betont und belebt. Bei guten Whipcords besteht die Kette aus Kammgarn, der Schuss dagegen aus Streichgarn. Dadurch wird das Gewebe einerseits glänzend, andererseits füllig und griffig. Klassischerweise verbinden sich dunkelgraue und weiße Fasern zu einer herrlich reichhaltigen, in der Summe mittelgrau anmutenden Struktur, die man auch mit der größten Mühe nicht geschmacklos kombinieren kann. Mittelgrauer Whipcord ist damit der ideale erste Stoff für eine maximal vielseitige Tuchhose.

Einer der großen Klassiker der Stoffgeschichte ist Flanell, der Stoff, aus dem warme Winterträume sind. Das Schurwollgewebe mit dem charakteristischen kurzen Flor ist auch eines der ältesten, das noch heute verwendet wird. Durch seine spezielle Struktur speichert es warme Luft zwischen seinen Florhaaren. Die besten Exemplare fühlen sich jedoch niemals übermäßig flauschig an. Flanell wird spätestens seit dem Film «The Man in the Grey Flannel Suit», in dem Gregory Peck die Hauptrolle spielt, fast untrennbar mit der Farbe Grau in Verbindung gebracht – und das nicht zum Schaden der Modewelt. Grauer Flanell wirkt unerreicht elegant und zurückhaltend und ist nicht zuletzt deswegen der Stoff der Wahl für Gentlemen der alten Schule. Flanell ist außerdem der Kombinationspartner par excellence zu braunen Tweedsakkos. Im Herbst oder Winter werden Sie kein besseres Material für Ihre Tuchhose finden.

Das direkte Gegenstück für den Sommer heißt Leinen. Schwere Leinengewebe, idealerweise aus Irland, ergeben hervorragende Hosen für heiße Tage – sofern Sie mit den Knittern leben können, die diese Stoffe bereits nach kurzer Tragezeit zieren. Die sind dann aber auch schon der größte Nachteil einer Leinenhose, denn sonst könnte es bei hohen Temperaturen kaum Besseres geben als den kühlenden Effekt einer luftig geschnittenen Leinenhose. Leinen kann relativ große Mengen an Feuchtigkeit aufnehmen, ohne sich nass anzufühlen, und bleibt dabei stets klimafreundlich, weil es – eine einigermaßen lose Webart vorausgesetzt – warme Luft vom Körper seines Trägers wegtransportiert. Gute Qualitäten wiegen mindestens 300 Gramm pro Laufmeter und knittern dadurch nicht zu hart. Das Gewicht an sich ist nicht der entscheidende Faktor, der eine Hose luftig oder wärmend macht – die Webart ist dafür wesentlich wichtiger.

Und wo wir gerade beim Thema Webarten sind: Das Prinzip des luftigen Gewebes setzt der Fresko nahezu idealtypisch um. Er ergibt sozusagen die modernere Version der Leinenhose, die sich zwar genauso leicht trägt, dafür aber enorm knitterresistent ist. Fresko ist deshalb die beste Wahl für Männer, die häufig verreisen. Der ideale Fresko ist zweifädig und damit reißfest und langlebig. Es gibt ihn nur selten in gemusterten Varianten, was aber nicht weiter schlimm ist: Für die Tuchhose kommen ohnehin nur einfarbige Stoffe infrage, alle anderen sind viel zu schwer zu kombinieren und laufen damit dem einen großen Zweck dieses Kleidungsstückes zuwider. In eher hohen Gewichten ab 350 Gramm pro Laufmeter lässt sich Fresko auch im Frühling und Herbst tragen, was seine Vielseitigkeit weiter untermauert.

Einen ganz speziellen Stoff sollten Sie hingegen meiden, sofern daraus eine Tuchhose werden soll: Baumwolltwill. Wenn Sie eine Hose aus Baumwolltwill tragen wollen, greifen Sie am besten gleich zur Chino. Andernfalls verwischen Sie die Grenzen der beiden Hosentypen. Die besten und haltbarsten Baumwollqualitäten werden in Form der Tuchhose ohnehin nicht zum Tragen kommen.

Qualitäten und Preise

Apropos Qualitäten: Eine gute Tuchhose herzustellen, ist heute nicht mehr allzu schwer – eine perfekte Tuchhose ist dagegen selten und wertvoll. Das äußert sich natürlich auch im Preis der jeweiligen

Stücke. Die perfekte Tuchhose kostet etwa 150 Euro. Dafür dürfen Sie dann beispielsweise ein sogenanntes englisches Bundfutter erwarten. Dieses erkennen Sie an seiner einteiligen Konstruktion und dem kleinen Vorhang, der auf der Innenseite unterhalb des eigentlichen Bundes verläuft. Auch sollten in dieser Preisklasse die äußeren Seitennähte überbügelt und von außen sichtbar mit einer zweiten Naht fixiert sein. Letztere ist bei den besten Tuchhosen von Hand ausgeführt. Eine Tuchhose im englischen Stil hat zudem keine Gürtelschlaufen, sondern wird über sogenannte Seitenspangen aus Metall am Bund in ihrer Weite reguliert. In jedem Fall aber sollten sämtliche Nähte mit ausreichend Stoffzugaben gearbeitet sein, um nachträgliche Änderungen in der Weite zu ermöglichen.

Die gute Tuchhose ist demgegenüber bereits für rund 70 Euro zu haben. Hier wird in aller Regel nur ein simples industrielles Bundfutter verarbeitet, was die Produktionskosten bereits deutlich senkt. Die Nähte sind außerdem überall nur einfach ausgeführt und nicht verstärkt. Die Nahtzugaben an den wichtigen Stellen sind geringer bemessen, um Rohmaterial und damit Kosten zu sparen. Um nicht den aufwendigen Weg der Herstellung von Seitenspangen einschlagen zu müssen, stattet man einfachere Tuchhosen in der Regel mit Gürtelschlaufen aus. Dies ist an sich kein Nachteil, wenn man nicht vorhat, die Hose mit einer Weste zu kombinieren. Generell muss eine günstige Tuchhose keine schlechte Wahl sein. Je nach Einsatzzweck ist sie für Ihre Garderobe vielleicht sogar besser geeignet als die Premiumversion. Wer zum Beispiel fürs Büro in kurzer Zeit viele Tuchhosen braucht, etwa weil der unternehmenseigene Dresscode keine Anzüge vorsieht, ist mit einfacheren Modellen sehr gut beraten.

Wie kommt es aber, dass der Preisunterschied zwischen einer sehr guten und einer nur guten Tuchhose nicht höher ausfällt? Ganz einfach: Stoff ist generell sehr teuer, egal ob er zu einer schlichten oder zu einer perfekten Tuchhose verarbeitet wird. Die Kosten lassen sich an dieser Stelle nur schlecht verringern, denn auch einfache Stoffqualitäten kosten noch so einiges. Natürlich gibt es minderwertige Stoffe zu günstigen Preisen – diese finden für Hosen Verwendung, die deutlich weniger als 70 Euro kosten, aber nicht zu empfehlen sind, weil sie deutlich schneller verschleißen. Zudem ist der Grundaufwand bei der Herstellung einer guten Hose schon relativ hoch, die preisdifferenzierenden Details stellen also lediglich die Spitze des Kosteneisberges dar.

Die Passform

Unabhängig vom Preis sollte eine gute Tuchhose natürlich auch immer gut passen. Dadurch lässt sich die optische Qualität der Hose und damit Ihres gesamten Auftrittes erheblich steigern. Die einfache Grundregel lautet auch hier: Die beste Hose wirkt nicht, wenn sie nicht passt. So sollte die sogenannte Leibhöhe Ihrer Tuchhose so bemessen sein, dass der Hosenbund auf Ihrer natürlichen Taille liegt. Wie schon beim Anzug gilt: Was sich vielleicht ungewöhnlich hoch anhört, ist in Wahrheit der einfachste Schlüssel zu harmonischen Körperproportionen, denn auf diese Weise erscheinen Oberkörper und Beine in der besten Balance. Die Hosenbeine sollten lang genug sein, um leicht auf Ihren Schuhen aufzusitzen, aber keinesfalls so lang, dass sich um die Fußknöchel unansehnliche Querfalten bilden. Die meisten Männer tragen ihre Hosen wie gesagt zu lang, obwohl ein kleiner Eingriff an dieser Stelle bereits Wunder für die Eleganz eines Outfits wirkt.

Ein weiterer wichtiger Punkt ist die Frage der korrekten Beinweite. Ihre Hosenbeine sollten am Oberschenkel weit genug sein, um auch bei ausladenderen Schritten nicht einzuengen, allerdings nicht so weit, dass der Hosenstoff in der Bewegung schlackert. Ganz Ähnliches gilt für die Wade. Das Hosenbein sollte hier keinesfalls zu eng sein, weil es sonst beim Gehen nach oben rutscht und nicht mehr glatt fallen kann. Jede gleichermaßen korrekte wie elegante Passform wäre dadurch verspielt, auch wenn der gegenwärtige Slim-Fit-Trend anderes suggeriert. Generell sollten Sie jedes Extrem in Sachen Beinweite unbedingt vermeiden. Suchen Sie stets die harmonische Mitte, nicht die stilistischen Pole. Auf die untere Saumweite des Hosenbeins übertragen heißt das: Sowohl übermäßig eng als auch übermäßig weit mögen zwar im Moment schick und zeitgemäß wirken, rächen sich aber spätestens in zwei Jahren mit Unansehlichkeit und schränken die Vielseitigkeit Ihrer Tuchhose unnötig ein.

Noch wichtiger ist die Wahl der korrekten Weite um Hüfte und Gesäß herum. Oft tragen Männer ihre Hosen hier so eng, dass die seitlichen Schubtaschen durch die hohe Spannung, die auf dem Gewebe liegt, aufklaffen. Das sieht einerseits schlicht nicht gut aus, andererseits riskieren Sie damit, Dinge aus den nicht richtig geschlossenen Taschenbeuteln zu verlieren – vor allem bei wertvoller Fracht wäre dergleichen natürlich ärgerlich. In den Gesäßtaschen sollten Sie übrigens besser kein Portemonnaie verwahren. Dort stört es im Sitzen, beult den Oberstoff unnötig aus und verschlechtert außerdem den Tragekomfort der Hose, schlimmstenfalls sogar des Sakkos. Verwahren Sie es stattdessen in einer Sakkotasche, wo es weniger deutlich hervortritt. Der Stoff Ihrer Tuchhose sollte über dem Gesäß nicht spannen oder gar so knapp sein, dass sich Ihre Unterwäsche darunter abzeichnet. Eine gut passende Hinterhose sitzt locker, aber nicht schlaff. Als Leitfaden gilt auch hier, was sich schon beim Sakko bewährt hat: Querfalten deuten auf zu wenig Stoff hin und sind damit ein untrügliches Zeichen für zu enge Kleidung.

Einkauf und Änderungen

Die Gesäßweite einer Tuchhose kann nachträglich verändert werden. Die meisten Hersteller sehen hierfür auch eine ausreichende Stoffzugabe vor. Die Änderung selbst ist vergleichsweise einfach und damit günstig auszuführen. Lassen Sie beim Einkauf unbedingt einen kundigen Verkäufer den korrekten Sitz der Hose überprüfen – und seien Sie nicht zu eitel, um sich eine kneifende Hinterhose einzugestehen. Gleiches gilt für einen zu engen Hosenbund, denn spätestens nach dem nächsten Mittagessen wird Ihre anfängliche Freude, gerade noch in die kleinere Größe gepasst zu haben, in bittere Reue umschlagen. Beide Änderungen lassen sich in einem einzigen Arbeitsgang erledigen, es bietet sich also an, gleich beide Konfliktstellen zu untersuchen. Und wenn Sie schon dabei sind, lassen Sie auch gleich die Hosenbeine auf die richtige Länge bringen. Von der Stange wird die Länge nämlich so gut wie nie passen, was aber nicht weiter tragisch ist. Viele gute Tuchhosen sind vor dem Kauf ungesäumt und erfordern schon deshalb eine Anpassung der Länge, damit das Hosenbein überhaupt tragefertig wird. So oder so sollten Sie bei der Anprobe darauf achten, dass die Hosenbeine lang genug sind, um sie auch mit einem Umschlag zu säumen. Hierfür brauchen Sie etwas mehr als die doppelte Höhe des fertigen Umschlags – bei normalen Proportionen also mindestens acht Zentimeter.

Die Beinweite Ihrer Hose kann ebenfalls nachträglich korrigiert werden. Dazu werden die Hosenbeine entlang der Seitennähte aufgetrennt und etwas enger oder weiter wieder zusammengenäht, wobei Ober- und Unterschenkel unterschiedlich behandelt werden können, um eine optimale Passform zu erreichen. All diese Details zeigen aufs Neue, wie wichtig es ist, einen kompetenten Verkäufer zur Verfügung zu haben. Sollten Sie von vergangenen Shoppingtouren bereits einen bevorzugten Verkäufer haben, ist es nicht verwerflich, darauf zu bestehen, von diesem bedient zu werden. Ein Berater, der Sie und Ihre Größen bereits kennt, wird besser auf Ihre Vorlieben eingehen und dank seines Erfahrungsvorsprungs auch schneller vorzeigbare Ergebnisse liefern können. Vertrauen Sie also auf Altbekanntes, auch und ganz besonders beim Verkaufspersonal.

Kombinationen

Die Tuchhose ist wie gesagt der natürliche Kombinationspartner zum Sportsakko und kann mit ihm zusammen in schier endlosen Variationen getragen werden. Für den Winter eignet sich besonders die Verbindung einer Flanell- oder Whipcordhose und eines Tweedsakkos. Achten Sie darauf, dass der Grundton der Jacke nicht zu grünstichig ist, weil dies die Kombination mit den meisten mittleren Grautönen erschweren würde. Mit einem mittleren Braunton sind sie bei der Jacke auf der sichereren Seite. Alternativ können Sie auch einfach den Grauton der Flanellhose relativ hell wählen und so dessen Grünunverträglichkeit umgehen. Natürlich passt zur mittelgrauen Flanellhose auch ein winterlicher Blazer. Am besten sieht aber ein luftiger Blazer zu einer leichten, porösen Tuchhose aus Fresko oder Leinen aus. Der maritime Charakter des Blazers kommt in einem sommerlichen Kontext besser zur Geltung. Komplettieren Sie dieses Outfit durch Loafer oder helle Derbies und ein klassisches Hemd. Mit einer Krawatte sind Sie so auch für wenig formelle Veranstaltungen unter freiem Himmel bestens gerüstet.

Pflege

Ist Ihre Tuchhose erst einmal gekauft, geändert und getragen, ist alles Weitere ein Kinderspiel. Der Schlüssel zur gepflegten Tuchhose liegt vor allem in der Regelmäßigkeit der Pflege. Besonders viel ist dabei dann nicht zu tun – aber getan werden muss es doch. Da als Material der Hose häufig ein Schurwollgewebe verwendet wird, scheidet eine Wäsche in der Maschine in diesen Fällen logischerweise aus – die Hose würde einlaufen und verfilzen. Wie bei allen anderen Kleidungsstücken aus Wolle gilt: Meiden Sie die Trockenreinigung, so gut es geht! Hosen, die Sie im Sommer tragen, werden einmal zur Hälfte der Saison und einmal nach deren Ende gereinigt. Winterhosen kommen mit nur einer Reinigung pro Saison aus. Ganzjährig zu tragende Hosen sollten Sie alle vier Monate in die Reinigung geben. Dazwischen reicht es aus, die Hose nach jedem Tragen gründlich zu lüften und abzubürsten. Um die Bügelfalten stets akkurat zu halten, können Sie Ihre Tuchhose nach jedem zweiten Tragen aufbügeln. Achten Sie aber darauf, dass sie vor dem Bügeln sauber ist, damit sich etwaige Verschmutzungen nicht ins Gewebe einbrennen. Entfernen Sie punktuelle Verschmutzungen auch nur punktuell und verwenden Sie dafür geeignete Spezialreiniger. Gute Reinigungen bieten zudem eine gezielte Fleckentfernung ohne Vollreinigung an. Diese kostet zwar in der Regel etwa so viel wie die übliche Vollreinigung, greift aber den Stoff wesentlich weniger an und trägt so zur Haltbarkeit Ihrer Tuchhose bei.

Zwischen den einzelnen Trageanlässen sollten Sie dem Gewebe mindestens 24 oder besser noch 48 Stunden Zeit geben, um sich zu regenerieren. Damit Sie dennoch nicht ohne Hose außer Haus gehen müssen, sollten Sie entsprechend viele Tuchhosen für Ihre Garderobe vorsehen. Die Faustregel lautet: Die Anzahl Ihrer Tuchhosen sollte der Anzahl der Tage pro Woche entsprechen, an denen Sie eine solche Hose benötigen. Wenn Sie zum Beispiel zweimal die Woche ins Büro eine Kombination aus Sportsakko und Tuchhose anziehen, kommen Sie mit zwei Tuchhosen gut zurecht. Sie können dann jede Hose einmal pro Woche tragen und müssen nur im Notfall, also wenn die zweite Hose in der Reinigung ist, mit einer einzigen auskommen.

Weitere Tuchhosen

Die große Auswahl an Materialien und Gewebearten legt es bereits nahe: Die Reise in Sachen Tuchhose endet natürlich längst nicht bei der Farbe Mittelgrau. Hier also noch eine kleine Auswahl an möglichen weiteren Farben und Stoffen, die sich hervorragend für eine Tuchhose eignen:

Wollweiß, Creme und Beige, also allgemein die hellsten Schattierungen unter den Brauntönen, gelten nicht zu Unrecht als klassische Farben für sommerliche Hosen. Noch vor einigen Jahrzehnten unterschieden sich Tuchhosen für den Sommer und für den Winter ausschließlich durch ihre Farbe, nicht jedoch im Stoffgewicht. Da Flanell früher die gebräuchlichste Tuchkategorie war, konnte ein Tag am Strand mitunter zu einer schweißtreibenden Angelegenheit werden. Heute dagegen stehen Ihnen für eine Sommerhose dankenswerterweise wesentlich leichtere Gewebe zur Verfügung. Diese gibt es dann meist auch in entsprechend sommerlichen Farben. Die cremefarbene Leinenhose ist beispielsweise die ideale Ergänzung zum grauen Fresko und passt ausgezeichnet zu einem blauen Blazer.

Für die Wintermonate empfehlen sich dagegen eher dunkle, gedeckte Farbtöne. Vor allem mittlere Brauntöne und Tannengrün haben sich als vielseitige Alternativen zu Mittelgrau bewährt. Beide passen gut zu Tweedsakkos oder auch zu Kombinationen aus einem karierten Hemd und einer Strickjacke. Die Struktur des Hosenstoffes darf generell etwas wolliger oder gröber als bei Sommertuchen sein. Sowohl Flanell als auch Whipcord findet man deshalb häufig in den genannten Farben. Auch Tweed kann sich als Hosenmaterial eignen. Wichtig ist dabei nur, dass der Stoff nicht zu weich ist, damit die daraus gefertigte Hose ihre Bügelfalte nicht so schnell verliert. Außerdem sollte es ein möglichst einfarbiger Tweed sein, damit die Kombinierbarkeit mit anderen gemusterten Kleidungsstücken erhalten bleibt.

Generell sollte eine Tuchhose entgegen einer weit verbreiteten Meinung nicht gemustert sein. Vor allem Streifen sind tabu – sie erwecken stets den Eindruck, als würden Sie die Hose eines Anzugs zweckentfremden. Die einzige Ausnahme, bei der Sie eine gestreifte Hose mit einer einfarbigen Jacke kombinieren müssen, bildet die formelle Tagesgarderobe: Zum Cutaway und zum Stresemann gehört jeweils eine auffällig gestreifte Hose. Diese bleibt aber ausschließlich den beiden genannten Anzügen vorbehalten. Wenn Sie sich für Ihre Tuchhosen an einfarbige Stoffe halten, brauchen Sie sich über derlei Feinheiten jedoch ohnehin keine Gedanken zu machen.

Die Chino

Eine weitere Hose mit großer Geschichte und immensem Praxisnutzen ist die Chino. Sie reiht sich auf der Formalitätsskala der Herrenhosen unter der Tuchhose ein. Ursprünglich – das heißt: nach ihrer Umwidmung zum heutigen Verwendungszweck – war sie die Arbeits- und Freizeithose des Bürgertums und damit das sozial höher stehende Pendant zur Jeans. Heute spiegelt sich diese Hierarchie in der Tatsache wider, dass die Chino von den meisten Männern als geringfügig formeller als die Jeans angesehen wird. Insofern ist es nur pragmatisch, sie auch so zu behandeln und zu kombinieren. Ein kleines bisschen Geschichte bleibt Ihnen an dieser Stelle freilich nicht erspart.

Geschichte, Schnitt und Details

Eine Chino ist zunächst nichts anderes als eine leichte und unkompliziert geschnittene Hose aus Baumwolltwill. Ihren Ursprung hat sie in den Uniformhosen, wie sie im 19. Jahrhundert in der amerikanischen Armee getragen wurden. Der Name bezieht sich auf das damals verwendete Material, eine feste, aber dennoch leichte Baumwolle in Köperbindung, die ursprünglich in China hergestellt wurde. Er entstand im sogenannten Splendid Little War zwischen den Vereinigten Staaten und Spanien im Jahre 1898. Als die amerikanischen Truppen siegreich aus der Schlacht zurückkehrten, trugen sie eben jene Uniformhosen, die dann vermutlich auf den Philippinen mit dem spanischen Wort für ihre Herkunft als «Chinos» bezeichnet wurden. Mit den ersten Kriegsveteranen fand die Baumwollhose schnell auch unter Zivilisten Verbreitung und blieb bis heute die wichtigste Hose der amerikanischen Bekleidungsgeschichte.

Mittlerweile versteht man unter einer Chino eine Hose aus hellem, in aller Regel beigefarbenem Baumwolltwill. Wie die Raw Denim Jeans ist auch die Chino, ihrer Herkunft als einfaches Massenprodukt entsprechend, in Sachen Schnitt und Verarbeitung eher schlicht. Das bedeutet zum Beispiel, dass sie wie ihre blaue Verwandte ohne ein Futter aus Baumwolle oder Viskose verarbeitet wird. Davon abgesehen orientieren sich die Details der Chino allerdings weniger an der Jeans als vielmehr an der Tuchhose. Aufgesetzte Taschen werden Sie an einer solchen Hose also vergeblich suchen. Seiten- und Gesäßtaschen sind denen einer Tuchhose nachempfunden, also weniger sportlich als bei einer Jeans.

Der Schnitt ist allgemein etwas sportiver als der einer Anzughose, wobei auch hier die von der Jeans bekannte Reproduzierbarkeit der Details im Vordergrund steht, sprich: Einfach ausgeführte Details sind an der Tagesordnung, damit sich die Hose möglichst schnell und kostensparend herstellen lässt. Da die ursprüngliche Chino weder Stulpen noch Bundfalten hatte, um jeden möglichen Zentimeter Stoff zu sparen, sollte auch eine heute gekaufte Chino keines dieser stilistischen Merkmale aufweisen. Eine historisch korrekte Chino hat also einen glatten Saum. Im Sinne der optischen Balance kann es allerdings sinnvoll sein, dass dieser etwas breiter gesteppt ist, als es bei einer Jeans üblich ist. So wirkt er ein wenig kräftiger, und das zusätzliche Material, das für den Umschlag des Saums nach innen hin notwendig ist, beschwert das Hosenbein, lässt es also glatter hängen.

Material

Das Material der Wahl für eine gute Chino ist wie gesagt beigefarbener Baumwolltwill. Dabei zeichnet sich der Twill, den Sie bereits

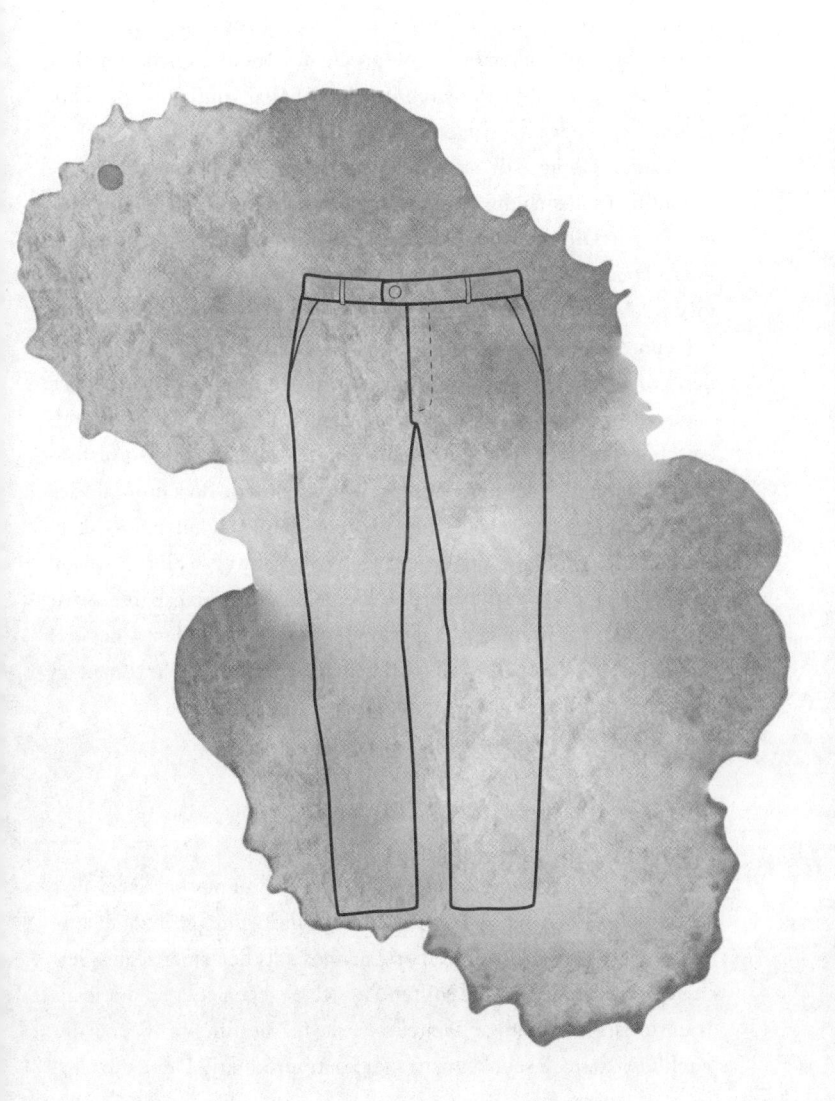

von einer Reihe anderer Kleidungsstücke her kennen, durch Dichte, Glätte und dezenten Glanz aus. Die Farbe Beige ist nicht nur die mutmaßlich originale Farbe dieser Hose, sondern auch die ideale Brücke zu nahezu allen bisher besprochenen Kleidungsstücken. Beige ist neutral, kombinationsfreudig und dankbar, mithin die perfekte Grundlage einer vielseitigen Garderobe.

Guter Chinotwill ist körnig im Griff, aber nicht zu dick – schließlich soll sich die Hose auch im Sommer noch angenehm tragen lassen. Die ursprüngliche Version war immerhin für brütende Hitze konzipiert, was sich auch in der Gestaltung Ihres Exemplars niederschlagen sollte. In letzter Zeit häufen sich auch bei Chinos die Angebote bügelfreier Stoffe. Machen Sie darum – wie immer – einen großen Bogen, denn kein, wirklich kein einziger Stoff ist jemals auch nur im Ansatz bügelfrei. Das bisschen Komfort, das Sie durch eine bügelleichte – und viel mehr ist es tatsächlich nicht – Ausrüstung gewinnen, erkaufen Sie durch massenhafte Bedampfung des Naturprodukts Baumwolle mit synthetischen Molekülen, die letztendlich die Atmungsaktivität des Gewebes schwer beeinträchtigen. Anders gesagt: Der Schweiß, den Sie beim Bügeln einsparen, wird Sie bereits nach wenigen Tragestunden wieder einholen. Über das fehlende Alterungspotenzial solcher Industriestoffe verliert man an dieser Stelle besser erst gar keine Worte.

Die Passform

Eine Chino sollte, wie jede andere Hose auch, gut passen, dabei aber auf keinen Fall zu eng sein. Die Leibhöhe darf ruhig großzügig ausfallen und damit mehr der einer Tuchhose als der einer Jeans gleichen. In Sachen Beinweite sollten Sie sich dagegen eher an der Jeans orientieren; übermäßige Weite, wie sie für bestimmte Typen der Tuchhose sinnvoll sein kann, ist hier kontraproduktiv. Denn die Chino ist traditionell eine funktionsbetonte und sportliche Hose und sollte daher auch niemals versuchen, etwas anderes zu sein. Zu viel Weite aber schränkt die Beweglichkeit genauso ein wie zu wenig. Die klassische Chino hat eigentlich keine Gürtelschlaufen, sondern Seitenspangen aus Metall, mit deren Hilfe sich die Bundweite geringfügig verändern lässt. Da man solche Hosen aber heutzutage von der Stange kaum mehr bekommt, sei an dieser Stelle, als Zugeständnis an die Zeit und ihre Umstände, dennoch zu einer Version mit Gürtelschlaufen geraten.

Gute Chinos haben, wie gute Tuchhosen, eine Bundverlängerung. Dadurch tragen sie sich genauso komfortabel wie ihre formelleren Verwandten aus feinem Tuch. Wie jede Hose sollten Sie Ihre Chino so lang tragen, dass der Hosensaum mit einem leichten Knick im Hosenbein auf dem Schuh aufsitzt, ohne dabei deutlich sichtbare horizontale Falten zu werfen. Je geringer die Beinweite Ihrer Chino bemessen ist, desto kürzer können Sie die Hose tragen. Ansonsten gelten die Regeln zur Passform einer Tuchhose weitgehend auch für die Chino. Taschen sollten also nirgends aufklaffen oder spannen, ebenso sollten generell keine Zugfalten auf der Hose zu sehen sein. Die Hosenbeine der Chino verlaufen glatt und ohne deutliche Knicke, Falten oder sonstige Unterbrechungen vom Gesäß bis hinab zum Saum.

Qualitäten und Preise

Einen guten Chinotwill zu produzieren, ist nicht wirklich schwierig. Entsprechend niedrig sind die Einkaufspreise für dieses Gewebe, was sich auch im Kaufpreis einer Chino niederschlägt – oder besser: niederschlagen kann. So sind einfache Chinos bereits ab etwa 50 Euro im Handel zu erwerben. An diesen Hosen ist prinzipiell nichts Schlechtes – sie sind eben ihrer Preisklasse entsprechend schlicht verarbeitet. Der verwendete Stoff wird nicht jahrzehntelang halten, aber sicher belastbar genug sein, um mindestens drei Jahre lang annehmbar auszusehen. Achten Sie darauf, dass die Nähte nicht mit zu viel Zug ausgeführt wurden, die Kanten sich also nicht bereits beim Kauf kräuseln. Ähnlich wie mit doppelter Nadel ausgeführte Seitennähte beim Hemd würden derartige Nähte mit zunehmender Tragezeit und mit jeder Wäsche unansehnlicher werden – schlimmstenfalls wäre die Hose nach einiger Zeit gar nicht mehr wirklich glatt zu bekommen. Die Taschenfutter sollten auch bei einfachen Chinos aus Baumwolle und nicht wie bei vielen Tuchhosen aus Viskose bestehen, damit die Hose problemlos waschbar ist. Die Gürtelschlaufen Ihrer Chino sollten nicht zu schmal sein, damit auch festere Gürtel sie nicht ausleiern oder abreißen können.

Mit einer qualitativ über jeden Zweifel erhabenen Chino dürfen Sie ab der magischen Preisgrenze von 100 Euro rechnen. An dieser Hose muss dann aber auch alles stimmen: Alle Nähte verfügen über reichlich Stoffzugabe, um spätere Änderungen zu ermöglichen. Das Bundfutter ist aus Hemdenstoff gefertigt und mit kleinen Stichen sauber und fehlerfrei eingenäht – mitunter sogar von Hand, was mit dem ursprünglichen utilitaristischen Charakter der Chino eigentlich nur noch wenig zu tun hat. Die Taschenbeutel bestehen aus demselben Material wie das Bundfutter und sind lange haltbar. Außerdem ist der Winkel, in dem die Hüfttaschen angeschnitten sind, so bemessen, dass man leicht hineingreifen, aber der Tascheninhalt nicht versehentlich herausfallen kann. Gesäßtaschen sind mit doppelter Paspel ausgeführt und mit einem Knopf zu schließen. Die Gürtelschlaufen sind mindestens einen Zentimeter breit und zusätzlich mit Steppnähten stabilisiert.

Nun werden Sie sich fragen, warum Sie überhaupt in die teurere Variante investieren sollen, wo doch der Beschreibung nach auch die günstige Chino gute Dienste leisten würde. Die Antwort ist einfach: Sie müssen nicht. Wie für viele Kleidungsstücke (oder ganz allgemein für die meisten Gebrauchsgegenstände) gilt auch hier, dass Sie bei häufig Genutztem nicht sparen sollten, bei Gelegenheitsartikeln dagegen im Zweifel knausern dürfen. Wenn Sie also viele Trageanlässe für eine Chino haben und diese Hose folglich eine zentrale Rolle in Ihrem Kleiderschrank spielen wird, tun Sie gut daran, dafür auch ein kleines bisschen mehr Geld auszugeben. Als Gelegenheitsstück für ein bis zwei Sonntage im Monat tut es dagegen auch die günstige Chino. Davon abgesehen lohnt es sich natürlich immer – entsprechende finanzielle Mittel vorausgesetzt –, in gute Qualität zu investieren.

Kombinationen

Die Chino so zu kombinieren, dass sie im Kontext eines Outfits gut aussieht, ist stets eine dankbare Aufgabe. Der neutrale Farbton und der zeitlose Schnitt der Hose, die sie mit nahezu jedem anderen Kleidungsstück der klassischen Herrengarderobe harmonieren lassen, sind hierbei ihre größten Vorteile. Eine Chino kann man, je nachdem, welcher Look gerade gefragt ist, eher formell oder eher lässig tragen. Wichtig dabei ist vor allem, die beiden Richtungen nicht durcheinanderzuwirbeln – solche Versuche gehen eigentlich immer daneben und sehen nicht verwegen aus, sondern schlicht albern. Mit den beiden folgenden Kombinationsszenarios sind Sie dagegen auf der sicheren Seite.

Zunächst die formelle Variante: Eine Chino kann ohne Bedenken und Probleme auch mit Sakko, Hemd und Krawatte kombiniert werden. Hier übernimmt sie alle Funktionen der Tuchhose, macht das gesamte Outfit allerdings etwas weniger förmlich. Damit füllt sie eine zwar kleine, aber mitunter wichtige Nische, nämlich die des förmlichen Freizeitensembles. Was zunächst wie ein Widerspruch in sich anmutet, ist verbreiteter, als man denken mag. In den Vereinigten Staaten bezeichnet man die Kombination von Chino, Blazer, Hemd und Krawatte als California Tux, also als den Smoking der

Westküste. Dieser Name entstand, weil der beschriebene Look in einer Welt mit einer reichlich sportlichen Garderobe geradezu piekfein anmutete. Kein ganz schlechtes Argument, die Chino gesellschaftsfähig zu machen, oder?

Der Schlüssel zu einer gelungenen Chino-Kombination mit eher förmlichen Kleidungsstücken liegt in der Reduktion auf das Wesentliche. Vertrauen Sie auf die integrative Wirkung einfacher Materialien, Muster und Texturen. Ein hellblaues Hemd ist immer ein guter Ausgangspunkt und lässt sich optimal mit einer diagonal gestreiften Seidenkrawatte sowie einem dunkelblauen Blazer kombinieren. Tragen Sie dazu bunte Strümpfe und ein Paar brauner Loafer – und der Look ist perfekt. Alternativ und vor allem im Winter ist auch die Kombination mit einem Tweedsakko denkbar. Die klassischen Partner dieser Verbindung heißen Karohemd – es sollte freilich ein kleinteiliges und eher dezentes, keinesfalls ein Holzfällerkaro sein – und dunkelrote Strickkrawatte. Zu diesem Look passen am besten braune Full Brogue Derbies.

Am entgegengesetzten Ende des Kombinationsspektrums liegen sportliche oder lässige Outfits. Hier kann die Chino all jene Qualitäten ausspielen, die der Tuchhose verwehrt bleiben. Versuchen Sie doch einmal einen Look aus einem leichten Sommerhemd, dessen Ärmel Sie hochkrempeln und dessen Kragen Sie offen lassen, Mokassins und sonst nichts. Viel besser kann Mann im Sommer kaum aussehen – und das mit vergleichsweise einfachen Mitteln. Im Winter ist diese Kombination freilich wenig hilfreich. Sie kann allerdings mit wenigen Handgriffen oder einigen zusätzlichen Textilien kältetauglich gemacht werden. Ein hellbrauner Kaschmirpullover eignet sich hervorragend als wärmebringende Schicht über dem Hemd. Tragen Sie dazu statt den Mokassins festere Loafer, bunte Wollstrümpfe und einen Kaschmirschal, und auch kältere Tage können Ihrem durchdachten Freizeitlook nichts anhaben.

Zum Schluss noch eine Frage, die bestimmt auch Sie sich schon das eine oder andere Mal gestellt haben: Darf man die Hosenbeine einer Chino hochkrempeln? Die zunächst reichlich unbefriedigende Antwort lautet: Ja und nein. Grundsätzlich sollte die Länge einer Hose, egal ob Chino oder Tuchhose, immer so bemessen sein, dass Krempeln – also behelfsmäßiges Kürzen – überflüssig und die Silhouette bereits im Normalzustand stimmig ist. Das gilt ganz besonders bei formellen Kombinationen mit Sakko, Halbschuhen und vielleicht sogar einer Krawatte. Hier würde ein verhältnismäßig unordentlicher Beinabschluss, wie ihn die Krempe bildet, außerdem mit dem Grundcharakter des Outfits brechen.

Viel einfacher geht die Krempelei bei lässigen Kombinationen. Sie dürfen dabei mit dem verkürzten Hosenbein experimentieren, solange zwei Voraussetzungen erfüllt sind: Zum einen muss die Hose unbedingt auch ohne Krempe tragbar sein, also die korrekte Länge aufweisen. Zum anderen darf der Look auf gar keinen Fall mit Strümpfen getragen werden. Gekrempelte Hosenbeine sind also ausschließlich im Sommer und zu blanken Beinen denkbar. Diese Einschränkung gibt dann auch direkt den Schuh der Wahl vor: Loafer oder Mokassins müssen es sein. Achten Sie darauf, dass die Farbtöne der Chino und der Schuhe nicht zu nahe beieinander liegen, damit ausreichend Kontrast den Hautton Ihrer Fußknöchel umrandet, denn diese werden durch das kürzere Hosenbein deutlicher als üblich in Szene gesetzt.

Zusammenfassend kann man also sagen: Krempeln ist grundsätzlich möglich und vollkommen in Ordnung, wenn man weiß, wie und in welchem Kontext. Für formelle Outfits sind Krempen kein brauchbares Stilmittel, lässigere Kombinationen können sie allerdings durchaus bereichern. Sie sollten Ihre Versuche mit dem umgekrempelten Hosenbein aber keinesfalls übertreiben. Zu viel Krempeln wirkt in der Regel gewollt und beraubt dieses gezielt nachlässige Detail seiner Lässigkeit. Sie sehen, die anfängliche Antwort auf die Krempenfrage bleibt: Ja und nein.

Eine Chino kann, ähnlich einem Hemd, einfach im Baumwollprogramm Ihrer Waschmaschine gereinigt werden. Hängen Sie die Hose noch nass auf einen speziellen Hosenbügel und lassen Sie sie fast vollständig durchtrocknen. Im ganz leicht feuchten Zustand bügeln Sie die Chino genauso heiß, wie Sie es auch mit einem Hemd tun würden, um sie anschließend auf ein Drittel ihrer Länge zu falten und im Kleiderschrank zu verstauen.

Apropos Bügeln: Eine Chino wird historisch korrekt niemals mit einer Mittelfalte gebügelt. Stattdessen legen Sie die Hosenbeine auf dem Bügelbrett so zurecht wie bei einer Jeans, bügeln aber die Seitennähte scharf an. Dadurch entsteht eine Bügelfalte, die allerdings seitlich statt mittig verläuft. Diese traditionelle Bügelfalte einer Chino oder Uniformhose wird bis heute beim britischen Militär getragen. Früher wurden sogar alle formellen Hosen auf diese Art und Weise gebügelt. Der Trend der Bügelfalte auf der Vorder- und Rückseite des Hosenbeins entstand erst im späten 19. Jahrhundert. Die Chino auch heute noch mit seitlicher Bügelfalte zu tragen, zeugt von Traditionsbewusstsein und stilistischem Feingefühl – ohne dass man damit angeberisch auffiele, da Unwissende den Unterschied zu einer Chino ohne Bügelfalten ohnehin nicht erkennen.

Die bunte Chino

Abschließend bleibt noch das Thema der bunten Chino zu besprechen: Mit dem bunten Baumwolltwill ist das nämlich so eine Sache. Tradition hat er zwar, allerdings keine, die hierzulande besonders bedeutsam wäre. Bunte Chinos sind die Hose der Wahl in englischen und amerikanischen Colleges und werden dort nach wie vor getragen. In Deutschland haben sie dagegen häufig eher den Status einer modischen Aussage – und muten daher nüchtern betrachtet gerne etwas übertrieben an. Mit einiger Vorsicht ist die bunte Chino dennoch problemlos tragbar. Als Neuling im Land des bunten Beinkleids achten Sie am besten darauf, mit Farben zu experimentieren, die im Kontext der klassischen Herrenmode bereits etabliert sind: Dunkelgrün, Ziegelrot und Maisgelb eignen sich hier besonders.

Mit etwas Übung und einem farbsicheren Auge können Sie auch vermeintlich wildere Farben wie Pistaziengrün oder Pastellgelb tragen. Dabei werden Sie feststellen, dass diese in den meisten Kombinationen nicht so extravagant aussehen, wie man zunächst erwartet. Auf Grautöne und Dunkelblau sollten Sie dagegen vollständig verzichten. Beide Farben sind von der Tuchhose und vom Anzug belegt, was zu je eigenen Problemen führte, würden Sie nun eine Chino in einer dieser Farben tragen. Eine graue Chino sähe bestimmt nicht schlecht aus. Aber warum sollten Sie eine weitere Hose im selben Farbton wie Ihre Tuchhose kaufen, wo Sie doch auch einfach die Tuchhose selbst tragen könnten? Hier gilt es, bares Geld zu sparen, indem Sie auf unnütze Doppelungen verzichten. Im Gegensatz dazu sieht eine dunkelblaue Chino zu den meisten Kombinationen nicht besonders vorteilhaft und außerdem unerwartet aus. Zudem wirkt, bedingt durch die Ähnlichkeiten in Stoff und Schnitt, eine dunkelblaue Chino schnell so, als hätten Sie die Hose Ihres dunkelblauen Anzugs zweckentfremdet. Das wäre grundsätzlich nicht so schlimm – sobald man aber meint, dass Sie eine Anzughose zu einer Kombination tragen, drängt sich der Verdacht auf, Sie hätten eine unvollständige Garderobe. Dunkelblau sollte also in den meisten Fällen der Jeans oder gleich einem vollständigen Anzug vorbehalten bleiben.

Wenn Sie diese wenigen und einfachen Regeln befolgen, kann die Chino zu einem der vielseitigsten Kleidungsstücke Ihrer gesamten Garderobe werden. Sie werden staunen, wie oft und zu wie vielen unterschiedlichen Anlässen Sie diese Hose ausführen können.

Die Raw Denim Jeans

An der Jeans scheiden sich die Geister – und das nicht erst seit gestern. Im Grunde genommen ist die Jeans seit ihrer Entstehung vor mittlerweile etwa 100 Jahren eines der umstrittensten Kleidungsstücke überhaupt. Diese dauerhaft ambivalente Haltung gegenüber einer simplen Hose hat eine einfache Motivation: Kaum ein anderes Kleidungsstück wurde derart nachhaltig zweckentfremdet wie die Jeans. Von ihrer ursprünglichen Rolle als robuste Arbeitshose der Goldgräber bis zum heutigen Status als Allerwelts- und Freizeithose mit zahlreichen Manifestationen auch in der Luxuskategorie der Herrenkleidung war es ein weiter Weg. Die Gründe, aus denen man eine Jeans lieben oder hassen konnte – dazwischen scheint es auch heute noch wenig Kompromisspotenzial zu geben –, haben sich freilich mindestens so sehr verändert wie die Trageanlässe dieser Hose.

Geschichte

Eigentlich wurde die Jeans in den USA von einem heute nicht ganz unbekannten Unternehmer namens Levi Strauss als feste und haltbare, dabei wartungsarme Arbeitshose für das Schürfergewerbe erfunden. Ihr Schnitt war dem der um 1910 verbreiteten Tuchhose nachempfunden, also weit und gerade im Beinverlauf, hoch in die Taille gearbeitet und mit Hosenträgern zu befestigen. Auch als Latzhose war die Jeans bereits damals beliebt, schon wegen der zusätzlichen Taschen, die sich im Latz unterbringen ließen. Als Stoff kam ein relativ dicker, aus grobem Garn gewebter Baumwolltwill zum Einsatz, der mit natürlichen Pigmenten – häufig mit sogenanntem Indigo, einem tiefen Blauton – eingelassen war und durch starke Überfärbung eine möglichst glatte und widerstandsfähige Oberfläche bilden sollte. Diese Überfärbung war auch der Grund, warum die Jeans bereits kurz nach ihrer Einführung scharfer Kritik ausgesetzt war: Zu fest, zu hart und bockig sei die neue Hose und deshalb für eine Tätigkeit in Bewegung vollkommen untauglich. Diese Meinung konnte man freilich mit etwas Tragezeit revidieren, wenn sich der zugegebenermaßen brettartige Charakter des Materials erweicht hatte. Dennoch blieb die mangelnde Bequemlichkeit, die das robuste Material mit sich brachte, lange ein handfestes Argument gegen die Jeans. Das ist insofern verwunderlich, als heute Bequemlichkeit eines der größten Argumente für das Tragen der Jeans zu möglichst vielen Gelegenheiten darstellt.

Die Zeit des großen Goldrausches verging, doch die Jeans blieb. Sie wurde als generelle Arbeitshose und – oftmals einziges – Beinkleid der einfachen Leute adaptiert und fand immer mehr Anklang und entsprechende Verbreitung. Ihr Schnitt veränderte sich dabei ständig, lediglich das Material und die grundsätzlich einfache Verarbeitung blieben erhalten. Die Geschichte der westlichen Welt und ihres Befindens lässt sich damit ein Stück weit auch am Schnitt ihrer Jeans ablesen. So geht der heute übliche körperbetonte Schnitt mit niedriger Leibhöhe und schmalem Bein auf die ersten Modelle zurück, die nach dem Zweiten Weltkrieg produziert wurden. Die damalige Materialknappheit machte eine Überarbeitung des bis dahin gängigen weiten und stoffverschlingenden Schnittes nötig; die daraus resultierenden Proportionen des Beinkleids waren im Rahmen des Zeitgeschmacks durchaus revolutionär.

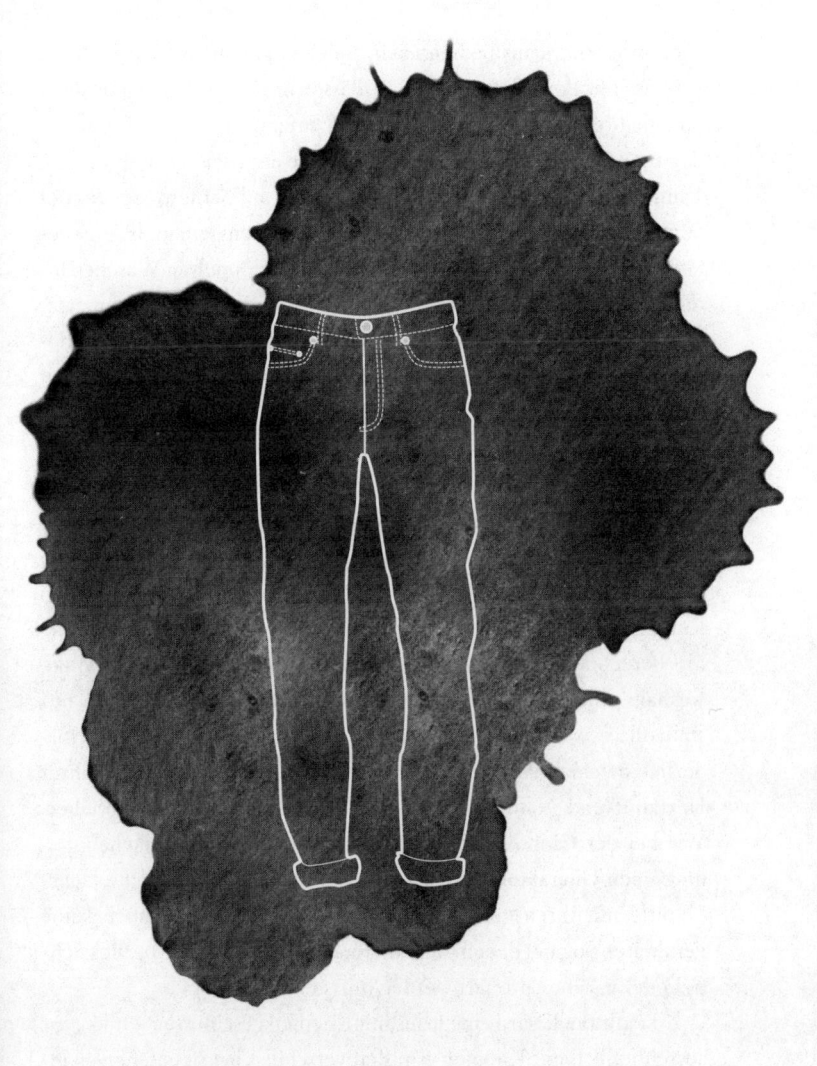

Eine moderne Jeans bedient sich in der Regel aus einem von zwei stilistischen Portfolios: Die weite Passform mit großzügigem Bein, oft mit breiten Aufschlägen getragen, orientiert sich an Modellen der 1920er und 1930er Jahre, während die enge Passform mit ihrem schmalen, nach unten eng zulaufenden Bein auf Schnitte der 1950er Jahre zurückgeht. Beiden ästhetischen Extremen gemein ist eine relativ einfache, ungefütterte Verarbeitung mit doppelten Wäschenähten und ein möglichst gerader, auf industrielle Fertigung optimierter Schnitt. Weithin mit Jeans assoziierte Verarbeitungsdetails wie Nieten an den Taschenecken und ein dicker, gelber Baumwollfaden, mit dem alle sichtbaren Nähte der Hose gearbeitet sind, sind zwar gebräuchlich, allerdings keine unentbehrlichen Erkennungszeichen. Aus pragmatischer Sicht sind die weit verbreiteten Nieten an der Hose auch gar nicht erstrebenswert, weil sie bei hastigen Bewegungen Möbelstücke verkratzen können.

Der Schnitt einer Jeans besteht aus möglichst vielen geraden Linien und wird auf eine möglichst vollständige Stoffausnutzung hin berechnet. Die Jeans ist damit ein genuines Industrieprodukt, weshalb eine Maßanfertigung auch aus historischen Gründen nur sinnvoll ist, wenn körperliche Gegebenheiten sie unbedingt erforderlich machen. Wer eine Jeans tragen will, muss sich auch mit ihrer Herkunft und Natur anfreunden – oder er lässt es lieber bleiben. Wie bei der Chino läuft eine Maßanfertigung dem einfachen, genügsamen Charakter der Jeans nun einmal zuwider. Übliche Jeansschnitte mit ihren großen Toleranzspielräumen sehen auch keine Feinheiten vor, bei denen die individuellen Körpermaße berücksichtigt oder gar interpretiert werden müssten.

Traditionell wird eine Jeans mit Knöpfen geschlossen – und zwar ausschließlich mit Knöpfen. Ein Reißverschluss hat so gesehen an einer Jeans nichts zu suchen. Die Knöpfe waren ursprünglich aus Messing, sind heute jedoch meistens aus Blech. Jeansknöpfe werden nicht, wie etwa ein Jackenknopf, mit einem Seidengarn auf Stiel genäht, sondern durch den Oberstoff gestanzt. Wie bei jedem anderen Knopf gilt auch hier: Je massiver und griffiger der Knopf, desto hochwertiger das Material, und je hochwertiger das Material, desto besser der Knopf.

Stoff

Wie beschrieben zeichnet die Jeans seit ihrer Erfindung ihr Oberstoff aus festem Baumwolltwill aus. Dieses spezielle Gewebe nennt man Denim. Der Name ist, wie so viele Namen aus der Geschichte der Herrenmode, eine Verballhornung und steht für «Toile de Nîmes», ein festes dunkelblaues Twillgewebe, dem die französische Stadt Nîmes einige Bekanntheit verdankt. Nun ist Denim heute im Handel fast ausschließlich leicht bis stark vorgewaschen erhältlich, was nichts anderes bedeutet, als dass die Jeans bereits getragen aussieht. Gegen Kleidung, die Gebrauchsspuren zeigt, ist prinzipiell nichts zu sagen – ganz im Gegenteil. Erst das Altern in Würde unter den täglichen Belastungen durch seinen Träger zeigt die wahre Größe eines Kleidungsstückes. Doch genau das ist der Knackpunkt der vorgewaschenen Jeans. Sie hat Tragespuren – von einem standardisierten Zurichtungsprogramm, nicht von ihrem Träger. Eine wirklich gute Jeans besteht dagegen aus einer speziellen Spielart des Denim, die man Raw Denim nennt. «Raw», also «roh», bedeutet nichts anderes, als dass das Gewebe nach dem Färben und dem notdürftigen Ausrüsten nicht weiter behandelt wurde. Raw Denim erkennen Sie an seiner tiefblauen Färbung, die in den ersten Wochen des Tragens auf andere Textilien abfärben kann. Die starke Überfärbung mit Indigo nimmt jedoch mit der Zeit an Belastungsstellen ab und wäscht sich aus, so dass die Jeans nach und nach eine Patina erhält, die tatsächlich das Leben ihres Besitzers spiegelt.

Da Raw Denim mitunter ziemlich archaisch gefärbt, zugerichtet und bearbeitet wird, sollten Sie ausschließlich Jeans kaufen, deren Denim bis in sein Ursprungsland zurückverfolgt werden kann. Nur Raw Denim mit nachvollziehbarer Herkunft ist ein guter Raw Denim. In gewisser Hinsicht ist Raw Denim also das Bio-Ei der Bekleidungsbranche: Sicherheit schafft ausschließlich eine lückenlos zertifizierte Herkunft. Die besten Denims kommen heute aus Japan und der Türkei. Viele der alten europäischen Webstühle, die anderswo längst gegen neue, wesentlich effizientere Modelle getauscht wurden, stehen heutzutage dort und produzieren nach wie vor Qualitäten, die sich mit modernen Mitteln nicht herstellen lassen.

Um hochwertigen Denim auch an der fertigen Jeans leicht erkennbar zu machen, schneiden ihn viele Konfektionäre so zu, dass die charakteristische Webkante des Stoffes, die normalerweise weiß und rot gestreift ist, an einer oder mehreren Stellen im Inneren der Hose zum Vorschein kommt. Verbreitet ist zum Beispiel die Praxis, die äußere Seitennaht innen nicht zu säumen und stattdessen die Webkante als Versäuberung zu verwenden. Eine sichtbar verarbeitete Webkante, auch Selvage Edge oder schlicht Selvedge genannt, ist für sich genommen zwar kein Zeichen für guten Denim oder gar eine hochwertig verarbeitete Jeans; erfreulicherweise wird mit diesem Verarbeitungsdetail aber zumindest bislang keine Eulenspiegelei für eigentlich minderwertige Ware betrieben, so dass man hier keine große Vorsicht walten lassen muss.

Kombinationen

Was früher der unkomfortable Stoff der Jeans war, ist heute ihr Formalitätsgrad: angreifbar. Während die einen am liebsten immer und zu jeder Gelegenheit Jeans tragen würden – und dies mitunter sogar tun –, verdammen die anderen diese Hose als Arbeitergewand zu einer Beschränkung auf die informellsten Trageanlässe. So ist es fast unmöglich, eine allgemeine Leitlinie zur Angemessenheit von Jeans in der Garderobe des modernen Mannes zu formulieren – dafür ähneln sich einzelne Lebensentwürfe und damit verbundene Dresscodes mittlerweile einfach zu wenig. Wohl aber gibt es einen gewissen Kanon allgemein akzeptierter Kombinationen mit Jeans, die sich für bestimmte Situationen und Umfelder eignen.

Die Freizeitgarderobe ist das einzige Gebiet, in dem sich die Jeans vollends austoben darf. Hier kann sie ihre gesamte Kombinationsfreudigkeit unter Beweis stellen, ohne in formeller Hinsicht allzu sehr anzuecken. So kann beispielsweise die Kombination mit einem hellbraunen Kaschmirpullover, einem hellblauen Oxfordhemd und braunen Brogues oder Loafern praktisch immer dann getragen werden, wenn eine Kombination mit Sakko schon zu steif wäre. Notfalls können Sie diesen Look sogar noch mit einer Tweedjacke aufwerten. Viele Männer schätzen an der beschriebenen Kombination aber gerade, dass sie mit ihr einigermaßen angezogen sind, ohne gleich ein Sakko tragen zu müssen.

Die Kombination von Jeans mit Bootsschuhen und Polohemd ist einer der Klassiker der sommerlichen Freizeitgarderobe und für viele Männer das direkte Gegenstück zum gerade erwähnten Look mit Hemd und Pullover. Außerhalb der tatsächlichen Sportgarderobe gibt es allerdings kaum eine Daseinsberechtigung für das in seiner heutigen Form fälschlicherweise mit dem Polospiel in Verbindung gebrachte und von René Lacoste berühmt gemachte Tennistrikot. Es ist schwer mit Jacken zu kombinieren, passt meistens schlecht und besteht häufig nicht aus derart hochwertigem Baumwollpiqué, wie man sich das vielleicht wünschen würde. Am besten ist, Sie ersetzen es rückstandslos durch sommertaugliche, also entsprechend luftig gewebte Freizeithemden mit langen Ärmeln und Sportmanschetten. Lange Ärmel? Ganz recht. In brütender Sommerhitze mögen kurze Ärmel luftiger sein, sie lassen sich aber nicht zu langärmeligen Jacken kombinieren. Stellen Sie sich vor, Sie befinden sich im Sommerurlaub und gehen abends in eine Bar. Stellen Sie sich weiter vor, Sie würden Ihr Freizeitoutfit gerne weiter tragen, aber ein Leinensakko darüber anziehen. Spätestens in dieser Situation werden Sie für lange Hemdsärmel dankbar sein. Lange Ärmel kann man durch Umkrempeln kürzen. Kurze Ärmel sind immer kurz.

Und wo wir gerade dabei sind, liebgewonnene Kombinationen zu hinterfragen: Die Bootsschuhe aus demselben Look dürfen Sie getrost gleich mit entsorgen. Es sei denn, Sie besitzen selbst sowohl einen Bootsschein als auch das zugehörige Boot, auf dem Sie die Schuhe tragen können. An Land haben sie nichts zu suchen, sind klobig, schlecht zu pflegen und dem Fußklima abträglich. Eine leichtgewichtige und wesentlich elegantere Alternative stellt der Mokassin dar. Der damit entstandene Sommerlook aus Jeans, Freizeithemd und Mokassins sieht insgesamt deutlich weniger zusammengewürfelt aus als sein unmittelbares Vorbild und hat zudem den Vorteil, dass sich seine Komponenten vielseitig weiterverwenden lassen.

Sobald man sich nun mit einer Jeans in formellere Gefilde der Herrengarderobe vorwagt, wird es heikel. Hier ist äußerste Vorsicht geboten, um die Formalitätsgrade der einzelnen Kleidungsstücke nicht zu sehr zu korrumpieren. So ist die unverständlicherweise gerade bei Versicherungsvertretern und IT-Sachbearbeitern beliebte Kombination von Jeans, Hemd, Sakko und Krawatte zwar grundsätzlich machbar; ihre Ausgestaltung muss aber besonders feinfühlig erfolgen, will man damit nicht aussehen, als hätte man morgens im Kleiderschrank danebengegriffen.

Das Sakko sollte nicht zu glatt und fein daherkommen, um dem Eindruck einer vereinsamten Anzugjacke vorzubeugen. Dies schließt selbstverständlich sämtliche tatsächlichen Anzugjacken von vornherein aus – außer in Kombination mit weißen Jeans. Greifen Sie stattdessen zu einem Sportsakko mit kräftig strukturiertem Gewebe (wie

etwa einem haarigen Tweed) und sportlichen Details (wie etwa aufgesetzten Taschen). Ähnliches gilt für das Hemd. Auch hier sollten
Sie allzu feine Gewebe vermeiden. Ein hellblaues Hemd aus Ox-
fordgewebe wäre ideal, andere strukturierte Webarten sind jedoch
selbstverständlich ebenfalls denkbar. Die Krawatte sollte keinesfalls
dem oberen Formalitätsspektrum entstammen. Wer nicht absolut
treffsicher zu kombinieren weiß, sollte tatsächlich von jeder anderen
als der einfarbigen Strickkrawatte die Finger lassen. Sie ist sportlich
genug, um der Jeans Paroli bieten zu können, und zurrt den etwas
exaltierten Freizeitlook aus Jeans und Sakko aufs Vorteilhafteste zusammen. Ein Einstecktuch aus nicht zu feinem Gewebe, idealerweise aus bedruckter Wolle, rundet das Erscheinungsbild ab.

Einkauf und Eintragen,
Qualitäten und Preise

Für viele Fans von Raw Denim zählt das Eintragen zu den festen
Ritualen rund um die Neuanschaffung einer Jeans. Das Konzept des
Eintragens in seiner stärksten Ausprägung ist für Laien nur schwer
nachzuvollziehen und kann mitunter quasi-religiöse Züge anneh-
men. An dieser Stelle sei allerdings davor gewarnt, sich vom Raw-
Denim-Hype allzu sehr infizieren zu lassen. Denim taugt für Hosen,
aber sicher nicht zur Lebensphilosophie. Ein gewisses Grundmaß an
Eintragezeit und entsprechender Erstpflege ist dennoch schon aus
Respekt vor dem unvergleichlichen Material unerlässlich. Eintragen
ist außerdem sinnvoll, um die Passform der Jeans zu optimieren,
denn wie Sie bereits wissen, ist deren Schnitt von Haus aus eher
universell. Der Eintrageprozess verbessert den Tragekomfort der
Hose also nicht nur im Hinblick auf den weicher werdenden Stoff,
sondern wirkt sich auch und ganz besonders in Fragen der Silhouette aus.

Die Tatsache, dass eine Raw Denim Jeans eingetragen werden muss, sollte man unbedingt bereits beim Einkauf berücksichtigen. Sie dürfen sich nicht nur darauf einstellen, dass «bequem» nicht das Erste sein wird, was Ihnen beim Hineinschlüpfen durch den Kopf geht; die Hose sollte auch in Weite und Länge sowie allen wichtigen Körpermaßen so beschaffen sein, dass sie beispielsweise ein Einlaufen um etwa eine Größe bei der ersten Wäsche verkraften kann. Da das Einlaufverhalten eines Stoffes aber eine höchst individuelle Angelegenheit ist und zudem entscheidend von der Art seiner Pflege abhängt, fragen Sie am besten während der Anprobe den Verkäufer, welche Erfahrungen zu der gerade probierten Hose vorliegen und wie viele Nummern größer Sie Ihre Jeans wählen sollten. Beschreiben Sie dabei unbedingt, wie Sie Ihre Jeans üblicherweise pflegen, um hinterher keine böse Überraschung erleben zu müssen. Probieren Sie die Jeans außerdem auch im Sitzen, um sicherzustellen, dass der Hosenbund weder vor noch nach der Wäsche kneift.

Dass Ihre neue Jeans überhaupt einläuft, hat mit der Qualität des Stoffes übrigens nichts zu tun, ist aber Ausdruck der besseren Behandlung, die er erfahren hat. Jede Naturfaser neigt zum Einlaufen. Dass einige es dennoch nicht tun, ist entweder einer intensiven Ausrüstung des Stoffes mit Chemikalien oder aber mindestens einer Vorwäsche zu verdanken. Die «rohe» Natur des Raw Denim erfordert eine schonende Ausrüstung und einen Verzicht auf Vorwäschen. Dieses Mehr an Verarbeitungsqualität hat zwar den Nebeneffekt, dass der Stoff zum Einlaufen neigt, ist aber ansonsten in jeder Hinsicht einem anders produzierten Denim vorzuziehen. Das angenehme Tragegefühl eines regulären Denims erreichen Sie mit Raw Denim schon nach wenigen Wochen Tragezeit. Die einzige Einschränkung, die Sie dabei in Kauf nehmen müssen, ist die vor der ersten Wäsche geringfügig weitere Passform Ihrer Hose.

Eine Jeans, die so hergestellt wurde, gibt es logischerweise nicht im Supermarkt, auch wenn sich Gerüchte über Amerikas berühmteste und beliebteste Jeans, die angeblich regelmäßig für weniger als 20 Dollar in den Regalen großer Discounter zu finden ist, hartnäckig halten. Doch ebenso wenig, wie Sie beim Bäcker Autoreifen kaufen, sollten Sie im Supermarkt nach Kleidung suchen. Investieren Sie die gesparte Zeit lieber in den Besuch eines auf hochwertige Jeans spezialisierten Fachgeschäfts. Nur dort ist sichergestellt, dass Beratung, Qualität und Einkaufserlebnis dem Standard entsprechen, der für das hier besprochene Produkt unerlässlich ist.

Eine gute Jeans kostet mindestens 120 Euro. Dieser Preis mag in Anbetracht der einfachen Konstruktion dieser Hose recht hoch erscheinen, doch der durchweg ebenfalls hohe Einkaufspreis für besten Raw Denim stellt eine in dieser Rechnung nicht zu vernachlässigende Größe dar. Für den stattlichen Preis dürfen Sie dann aber auch einiges erwarten: Die Konstruktion ist rustikal, aber sehr haltbar und fehlerfrei. Nähgarne und Oberstoff sind so ausgewählt, dass sie sich im Einlaufverhalten gleichen, was auch bei einer maschinellen Verarbeitung das Risiko zusammengeschrumpelter Wäschenähte gering hält. Der verwendete Denim ist dicht, fest und nicht zu leicht, so dass er bei sachgerechter Pflege viele Jahre hält und mit jedem Tragetag schöner wird. Der Schnitt ist zwar simpel, aber an jeder Stelle so berechnet, dass er sowohl vor als auch nach der ersten Wäsche jeweils auf seine Art gut passt.

Jeans, die unter diesem Preisniveau liegen, sind nicht zwangsläufig schlecht – sie sind jedoch aus verschiedenen Gründen in aller Regel weniger haltbar. Zum einen ist der verwendete Denim entweder kein Raw Denim oder von fragwürdiger Qualität. Kaufen Sie in der Preisklasse bis 120 Euro also besser eine Hose aus gewöhnlichem Denim, der dafür in seiner Grundqualität hochwertig ist. Zum anderen kann eine Jeans für weniger als 120 Euro nur in Ausnahmefällen mit der nötigen Sorgfalt und moralisch einwandfrei produziert worden sein. Solche Ausnahmen gibt es, aber sie sind zu selten, um nicht generell vor dem Kauf im genannten niedrigen Preissegment abzuraten. Vergessen Sie nicht: Besser nur eine Jeans von perfekter Qualität als fünf verschiedene, die alle nicht vollends zufriedenstellend sind.

Ein Wort noch zum Markt der Designer- und Superpremium-Jeans: Wie schon im niedrigsten, ist auch im höchsten Preissegment des breit gefächerten Jeansmarktes Vorsicht geboten. In den letzten Jahren lässt sich vermehrt der Hang von Designern beobachten, die ursprünglich massentaugliche und für die Masse konzipierte Jeans durch allerlei Eingriffe aufzuwerten, sie gleichsam mit einem luxuriösen Überbau zu versehen. Dieser Hang äußert sich in aufwendigen Waschungen oder Säurespülungen, kunstvollen Rissen und Löchern, Verfärbungen und vielem mehr. All diese Maßnahmen sollen die Jeans auf eine luxuriöse Art gebraucht aussehen lassen. Auch wenn man diesen Trend nicht pauschal verteufeln kann, läuft er doch dem historischen Prinzip der Jeans zuwider. Sie taugt ihrer Konstruktion und Natur nach nicht zur Verfeinerung in dem Sinne, wie sie den Designern vorschwebt. Die wahre Schönheit und den Charakter einer tatsächlich gebrauchten Jeans können sie darüber hinaus trotz größten Anstrengungen niemals künstlich herstellen.

Das Eintragen selbst ist ein relativ einfacher Vorgang und lässt sich wie folgt zusammenfassen: Tragen Sie Ihre neue Jeans so häufig und waschen Sie sie so selten wie möglich. In der Praxis bedeutet das, dass Sie eine neue Jeans anfangs mindestens einmal pro Woche tragen sollten, wobei Materialschonung durchaus nicht erwünscht ist. Versuchen Sie, diesen ersten Eintrageprozess mindestens drei Monate ohne einen Waschgang durchzuhalten. Wenn überhaupt, sollten Sie die Jeans in diesem Zeitraum in die Trockenreinigung geben und auf einer möglichst schonenden Reinigung bestehen. Der Sinn dieser Operation liegt darin, dem neuen Denim seinen Farbüberschuss niemals flächenwirksam auszuwaschen und stattdessen das Blau nur an Stellen größerer Belastung abzutragen. Nur so entsteht mit der Zeit jenes ungleichmäßige Farbbild, das man von den aufwendigen künstlichen Waschungen der meisten Jeans kennt. Hartgesottene Anhänger der Raw-Denim-Bewegung empfehlen übrigens Eintragephasen von sechs bis zwölf Monaten bei täglichem Gebrauch – selbstredend ohne einen einzigen Waschgang. Derlei Extreme sind jedoch weder besonders ästhetisch noch wirklich praktikabel.

Nach dem ersten Eintragen über etwa drei Monate hinweg darf die Jeans zum ersten Mal in die Wäsche. Viele Hersteller von Raw Denim Jeans raten zur Handwäsche, was allerdings bei näherem Hinsehen nicht unbedingt empfehlenswert ist. Denn mal ehrlich, wie viele Kleidungsstücke waschen Sie noch mit der Hand? Entsprechend gering wird Ihre Erfahrung mit Handwaschgängen sein, weswegen die Gefahr, Ihre neue Jeans dadurch zu ruinieren, viel zu groß ist, um nicht doch die Waschmaschine als Mittel der Wahl vorzuziehen. Ein regulärer Waschgang für Baumwolle bei 40 oder gar 60 Grad wäre allerdings deutlich zu aggressiv und würde die Hose schneller ausbluten und stärker einlaufen lassen als gewünscht. Wählen Sie deshalb ein möglichst kaltes und möglichst schonendes Feinwaschprogramm und lassen Sie die Hose nicht schleudern. Das Resultat gleicht dem einer gut durchgeführten Handwäsche, schließt aber einen Großteil von deren Risiken aus. Waschen Sie keine anderen Kleidungsstücke – auch keine dunklen – mit Ihrer neuen Jeans, da einerseits das Blau der Hose auf andere Textilien übergehen kann, andererseits die Farbstoffe anderer Kleidungsstücke mit dem Indigo reagieren und so die gesamte Waschladung umfärben könnten. Der Wäschetrockner und Ihre Jeans sollten sich übrigens niemals kennen lernen, weil auch hier die Gefahr zu groß ist, dass die Hose übermäßig einläuft oder ausblutet. Als einfache Leitregel gilt: Je archaischer das Kleidungsstück, desto weniger fortschrittlich sollte seine Pflege sein.

Apropos Pflege: Die regelmäßige Wäsche Ihrer Jeans unterscheidet sich kaum von der ersten nach der Eintragephase. Genau genommen endet der Zeitraum, in dem man eine gute Raw Denim Jeans einträgt, exakt an dem Tag, an dem man sie wegwirft. Dementsprechend kann man jeden Waschgang auch als weitere schonende und nur bei unbedingter Notwendigkeit durchzuführende Reinigung verstehen, die das lebenslange Eintragen der Jeans lediglich kurzfristig unterbricht. In der Praxis bedeutet das: Waschen Sie Ihre Jeans nicht ständig, und wenn, dann ausschließlich im kalten Feinwaschprogramm ohne anschließenden Schleudergang oder gar Aufenthalt im Wäschetrockner. Hängen Sie die Hose stattdessen im nassen Zustand mit dem Hosenbund nach unten auf einen Hosenbügel, um sie bei Raumtemperatur trocknen zu lassen.

Falls Sie Ihre Jeans bügeln wollen – nicht jeder ist ein Freund davon, weil ein allzu gepflegter Zustand historisch gesehen nicht unbedingt zur Jeans passt –, sollten Sie das im noch leicht feuchten Zustand und bei mittlerer bis hoher Hitze tun. Vermeiden Sie aber, das Bügeleisen länger als unbedingt nötig auf einer Stelle des Stoffes stehen zu lassen, damit der Denim nicht punktuell einläuft. Bügelfalten haben an einer Jeans natürlich nichts zu suchen und sollten der Tuchhose und der Chino vorbehalten bleiben.

Darüber hinaus ist die Jeans in Fragen der Pflege ein genügsames Kleidungsstück. Leichtes Abbürsten nach jedem Tragen ist alles, was sie braucht. Durch die dichte und glatte Oberfläche des Stoffes lässt sich ein Großteil aller leichten Verunreinigungen einfach und rückstandsfrei entfernen. Denim ist außerdem unempfindlich genug, um auch zusammengefaltet und liegend gelagert werden zu können, ohne danach unordentlich auszusehen. Sie sehen: Nach der anfänglichen Umstellung der Pflegeroutine können Sie Ihre neue Jeans mit wenig Aufwand sehr lange tragen.

Nachkauf

Dieser langen Lebensdauer einer hochwertigen Jeans ist es zu verdanken, dass der Nachkauf insgesamt nur selten zum Thema werden dürfte. Ein berufstätiger Mann in einem halbformellen bis formellen Umfeld kommt mit nur einer Jeans gut über die Runden, weshalb sich Empfehlungen für weitere Anschaffungen über die erste Jeans hinaus erübrigen. Sollte sich die Tragbarkeit Ihrer Jeans dann aber doch irgendwann erschöpfen, ist es ratsam, sich nicht erst um Ersatz zu kümmern, wenn das aktuelle Modell bereits das Zeitliche gesegnet hat. Stattdessen ist eine Überlappung von etwa drei Monaten sinnvoll, um die neue Jeans schon eintragen zu können, während die alte noch im Einsatz ist.

Es spricht auch überhaupt nichts dagegen, dasselbe Jeansmodell vom selben Hersteller immer wieder zu kaufen. Solange Sie damit zufrieden sind, besteht keine Veranlassung, das Risiko einzugehen, von einem anderen Produzenten, Schnitt oder Material enttäuscht zu werden. Verlassen Sie sich ruhig auf Quellen, die sich bereits einmal als vertrauenswürdig erwiesen haben. Dies gilt auch für das Fachgeschäft, in dem Sie Ihre Jeans kaufen. So wird mit der Zeit das Personal dort besser einordnen können, welche Jeans Sie suchen, was Ihnen daran gefällt und wie Sie sie pflegen.

Fazit: Jeans sind heute mehr als die Arbeitshose, aus der sie einst hervorgingen. Sowohl die Schnitte als auch die Materialien haben sich über die Jahrzehnte gewandelt, um sich heute allerdings wieder auf ihre Ursprünge zurückzubesinnen. Derart geläutert und von ihrem Träger planvoll und informiert eingesetzt, finden Jeans durchaus ihren Platz in einer klassisch ausgerichteten Herrengarderobe.

Der hellbraune Kaschmirpullover

Der gut angezogene Mann kommt mit einer ausreichend großen Anzahl Hemden und Sakkos durchs Leben. Theoretisch. Praktisch gibt es dann aber doch Situationen, in denen ein Sakko auch in der sportivsten Kombination noch zu formell daherkommt. Da ein im Wortsinne hemdsärmeliger Auftritt aber nach wie vor nicht die eleganteste aller männlichen Silhouetten bietet und dieser Look darüber hinaus auch zu bestimmten Zeiten schlichtweg zu kalt ist, braucht es dann eine weitere Schicht Kleidung. Für solche Situationen eignet sich am besten ein hellbrauner, dunkelgrüner oder hellgrauer Kaschmirpullover.

Passform

Ein Pullover ist ein Pullover ist ein Pullover, richtig? Falsch. Gerade bei vermeintlich uniformen Kleidungsstücken wie diesem bestimmen die Details der Passform den alles entscheidenden ersten Eindruck und damit über Wohl und Wehe des Kaufs. Die Einfachheit von Form und Ausstattung eines Pullovers lässt diese Details umso deutlicher in den Blick treten, weshalb Sie keineswegs den erstbesten Kaschmirpullover kaufen sollten.

Da wäre zunächst die Rumpflänge, ein viel zu oft vollkommen vernachlässigter oder zumindest falsch eingeschätzter Faktor. Viele Männer fürchten, ein neuer Pullover könnte zu kurz ausfallen. Dies führt nicht selten dazu, dass sie ihn mindestens eine Nummer zu groß kaufen – oder noch schlimmer: permanent am Körper in die Länge ziehen. Da dieser Bewegungsablauf aber spätestens mit Überschreiten des dritten Lebensjahres nicht mehr wirklich gesellschaftsfähig ist, stellt er für den gut angezogenen Mann selbstverständlich keine Option dar. Die tatsächliche Lösung für das häufige Längenproblem ist auch deutlich einfacher: Es existiert nämlich gar nicht. Vielmehr sind die meisten modernen Pullover sogar zu lang. Korrekterweise ist ein Pullover in etwa so lang wie eine Weste, bedeckt also den Hosenbund, reicht aber nicht allzu weit darüber hinaus. Jeder weitere Zentimeter Länge würde die Körperproportionen des Trägers auf nachteilige Weise verschieben: Der Oberkörper würde dann im Verhältnis zu den Beinen viel zu lang wirken.

Ganz ähnlich verhält es sich mit der Ärmellänge. Auch hier wird oft und gerne zu lang gekauft – und wie schon die Rumpflänge orientiert sich auch die Ärmellänge eines gut passenden Pullovers am Anzug. Ein korrekter Ärmel ist also etwa so lang, dass er am Handgelenk endet und unter ihm ungefähr ein Zentimeter der Hemdmanschette zu sehen ist. Da die Ärmellänge eines Pullovers nicht nachträglich verändert werden kann, ist es üblich, zu lange Ärmel einmal umzukrempeln. Das Ärmelbündchen wird dadurch optisch verkürzt, sollte allerdings nicht mehr als halbiert werden. Übrigens ist es in jedem Fall ratsam, ein Hemd unter dem Pullover zu tragen, um für schnelle Temperaturanstiege gerüstet zu sein und den ohnehin informellen Pullover nicht durch zu viel freiliegenden Hals abzuwerten.

Sowohl der Rumpf als auch die Ärmel sollten aber nicht nur der Länge nach, sondern auch in ihrer Weite gut passen, damit sie einerseits unter einem Sportsakko nicht übermäßig auftragen und so dessen Passform beeinträchtigen und andererseits selbst ohne eine darüber getragene Jacke elegant aussehen. Ein allzu großzügig bemessener Pulloverärmel würde in einem Sakkoärmel nur unnötig knautschen und damit gerade das nicht sein, was man mit Weite ge-

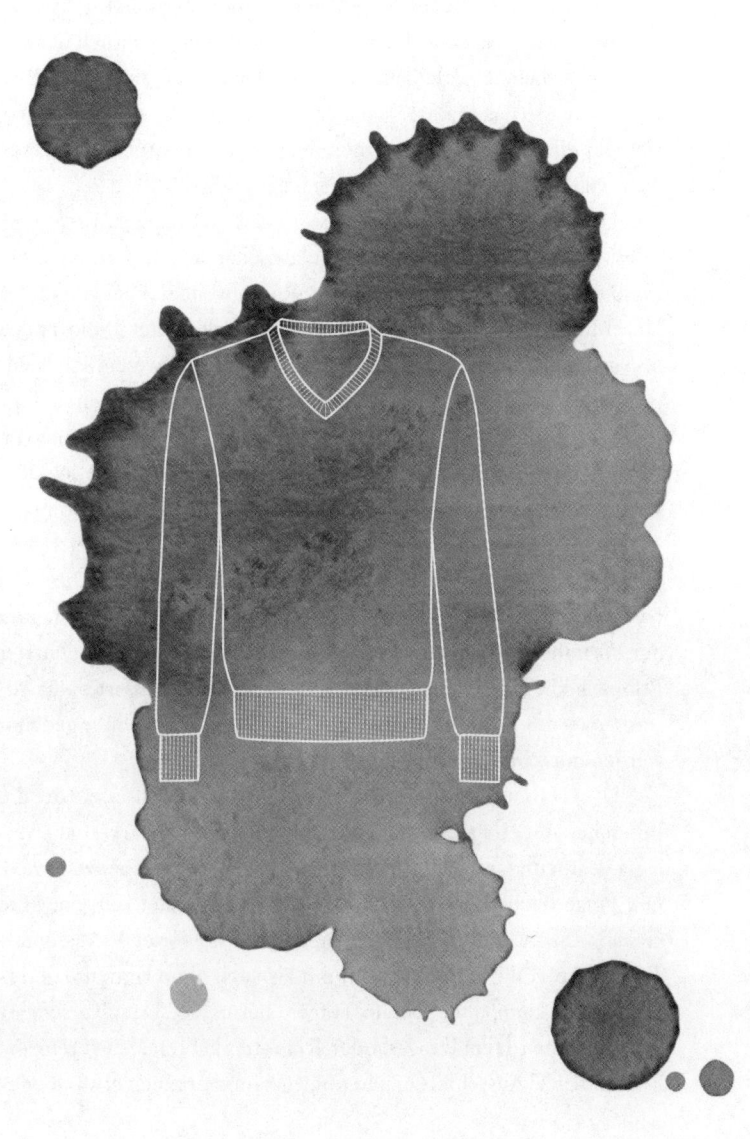

meinhin verbindet: bequem. Zu weite Ärmel sind, wenn sie nicht die oberste Kleidungsschicht bilden, immer kontraproduktiv, weil sie mit ihrem Mehr an Stoff Raum verschlingen, der eigentlich der Bewegung vorbehalten bleiben sollte. Für den Ärmel eines guten Pullovers gilt also das Mantra: Je enger, desto bequemer. Ganz nebenbei sieht so ein enger Pulloverärmel auch noch wesentlich besser aus, wenn Sie mal kein Sakko darüber tragen.

Da Gestricke in einem gewissen Maße immer elastisch sind, selbst ohne den geringsten Anteil elastischer Kunstfasern wie etwa Nylon, kann ein Pullover auch in der Rumpfweite nur bei grandioser Unterdimensionierung wirklich zu eng werden. Der Pullover hat also gegenüber dem Sakko den Vorteil, dass für ihn wesentlich weniger präzise Weitevorgaben gelten. Die Passform eines guten Pullovers ist weniger eine Frage von Millimetern als vielmehr eine von richtig gestellten Weichen. Eine eher knappe Rumpfweite schluckt weit mehr Volumen des Pulloverträgers als gemeinhin angenommen – und sieht dabei auch noch blendend aus. Die häufig vertretene Ansicht, der Rumpf eines Pullovers müsse locker sitzen, um sich komfortabel anzufühlen, ist ein Trugschluss. Hier kommt auch einer der Vorteile des sogenannten Formstrickens zum Tragen: Indem der Rumpf nicht einfach als gerades Stück gestrickt wird, ist dafür gesorgt, dass der Pullover im Brustbereich nicht über Gebühr gedehnt werden muss und an der Taille dennoch gut anliegt.

Der Halsausschnitt Ihres Pullovers ist idealerweise wie die Bündchen mit einigen rippengestrickten Reihen verstärkt und zweilagig gearbeitet, um gegen frühzeitiges Ausleiern gewappnet zu sein. Die Frage nach rundem oder V-Ausschnitt scheidet seit jeher die Geister. Im Zweifel ist ein großzügig dimensionierter V-Ausschnitt die bessere Wahl, weil er sowohl mit als auch ohne Krawatte getragen werden kann, ohne seinem Träger übermäßige Detailversessenheit in Sachen Hemdkragen oder Krawattenknoten abzuverlangen. Ein kleiner V-Ausschnitt macht hingegen immer einen etwas biederen Eindruck. Achten Sie also unbedingt darauf, dass der Ausschnitt tief genug ist. Am Nacken sollte er freilich nicht klaffen, sondern bündig mit dem Hemdkragen abschließen, wie man es auch von einem gut passenden Sakkokragen erwartet.

Qualitäten

Das sicherste Indiz für hochwertige Strickwaren sind deren Bündchen, die unteren Abschlüsse von Ärmeln und Rumpf. Sie werden unabhängig vom Muster des restlichen Pullovers immer in Längsrippen gestrickt, weil sich nur so das Gestrick aufgrund der wechselnden Garnspannung leicht zusammenzieht und dadurch auf natürliche Art und Weise elastisch ist. Gute Strickbündchen verzichten selbstverständlich auf jedwede Beigabe von Elastan. Darüber hinaus zeichnen sie sich durch ihre Länge aus, die mindestens fünf Zentimeter beträgt. Ein längeres Bündchen hat einerseits den Vorteil, dass es stabiler an Ort und Stelle bleibt und so entscheidend zum Tragekomfort des Pullovers beiträgt, andererseits neigt es dank seiner größeren Elastizität weniger zum Ausleiern – ein Faktor, der sich spätestens nach einigen Jahren Tragezeit entscheidend auf die Lebensdauer des Pullovers auswirkt. Die kurzfristig aufwendigere Suche nach einem Pullover mit solchen Bündchen lohnt sich also langfristig durchaus.

Hochwertiges Gestrick anhand fachlicher oder technischer Kriterien zu identifizieren, ist für Laien alles andere als einfach. Umso besser also, dass auch hier ein Prinzip zur Geltung kommen kann, das sich bereits zur Erkennung hochwertiger Krawattenseiden bewährt hat: Vertrauen Sie auf Ihr Gefühl! Guter Strick ist glatt, fein und trocken im Griff. Ein bereits von Anfang an übermäßig flauschiger Pullover ist eher mit Skepsis zu betrachten, da dieser luxuriöse erste Eindruck oft durch zu kurze Fasern und damit einen verfrühten Hang zu Fadenscheinigkeit erkauft wird. Ein guter Pullover gewinnt erst mit einiger Tragezeit jenen voluminös-fluffigen Griff, den aufschneiderische Strickwaren bereits zu Beginn ihrer Lebenszeit vorweisen können.

Gute Pullover sind darüber hinaus formgestrickt oder *fully fashioned*, werden also zur Taille hin schlanker. Diese Herstellungsmethode verbessert die Passform des fertigen Pullovers massiv. Der Pullover wird dadurch körperbetonter und trägt unter einem Sportsakko weniger auf. Nur selten sind Pullover zusätzlich noch rundgestrickt. Bei dieser Technik werden Vorder- und Rückteil des Rumpfes in einem einzigen Arbeitsgang umlaufend gestrickt, es entsteht also eine Art Strickschlauch. Der rund formgestrickte Pullover stellt die Königsklasse seiner Gattung dar, ohne dass seine Herstellungsmethode der flach formgestrickten notwendigerweise überlegen wäre – sie zeugt lediglich von besonderem Aufwand in der Produktion.

Materialien

In Sachen Material gibt es für den perfekten Pullover keinen Ausweg: Es muss Kaschmir sein. Guter Kaschmir, nicht einfach irgendwelcher. Und guter Kaschmir kostet richtig viel Geld – diese Feststellung ist gleichermaßen ernüchternd wie unumstößlich. Denn das Bauchhaar der Kaschmirziege, das sich durch seine kaum zu übertreffende Feinheit auszeichnet und Wärme hervorragend speichert, wächst langsam und kann nicht durch Schur gewonnen, sondern muss von Hand ausgekämmt werden. Dass dieser Prozess zeitaufwendig ist, versteht sich von selbst, und die Materialausbeute hält sich mit knapp 200 Gramm pro Tier und Jahr in eng gesteckten Grenzen. Außerdem bevorzugt die Kaschmirziege karge, unwirtliche Landschaften, was die Herdenhaltung erschwert. Der hohe Preis für Kaschmirstrick ist also tatsächlich der Exklusivität des Materials in seiner höchsten Qualitätsklasse geschuldet und nicht etwa der steigenden Nachfrage. Letztere ist zwar nicht zu leugnen, fördert aber in erster Linie das dubiose Segment des Billigkaschmirs, vor dem an dieser Stelle deutlich gewarnt werden muss.

Dieser einfache Kaschmir wird nur aus den kürzesten Haaren und Abbrüchen, ganz allgemein also aus den Abfällen der Produktion seines hochwertigen Pendants gewonnen. Da die kürzeren Fasern sich schneller aus dem Gestrick lösen und dadurch einen besonders intensiven Flor bilden, wird Kaschmirgestrick, das auf kostensparende Weise produziert wurde, häufig als angenehmer empfunden, weil es sich schon beim Kauf so flauschig und weich anfühlt wie ein hochwertiger Kaschmirpullover nach vielen Jahren. Doch der große Nachteil billigen Kaschmirs ist: Er ist nicht für langes Tragen ausgelegt und deshalb nur im ersten Moment günstig. Sich lösende Fasern bedeuten schließlich nichts anderes als einen langsamen Verfall des Kleidungsstücks. Ein billiger Kaschmirpullover wird daher schneller ausdünnen und ausleiern als ein guter – er rechnet sich also am Ende nicht. Und da auch die schlechtesten Kaschmirqualitäten für die Produzenten noch relativ teuer sind, ist es nicht unüblich, die Produktionskosten durch Fertigung in Niedriglohnländern oder auf minderwertigen Strickmaschinen weiter zu drücken. Nur so kann jenes Produkt entstehen, das viel zu oft als «Kaschmir, den sich jeder leisten kann», angepriesen wird. Im Klartext bedeutet dies alles: Billigkaschmir ist für den eleganten Mann keine Option. Kaschmir in einer tatsächlich guten Qualität zu tragen, ist ein Zeichen des Stilgefühls – aber leider kein billiges Vergnügen für jedermann.

Wie viele andere Gewebe auch beurteilt man Kaschmirfasern also qualitativ anhand ihrer Längen, der sogenannten Stapel. Langstapelige Garne sind generell hochwertiger und teurer als kurzstapelige. Die langstapeligen Garne eines guten Kaschmirs machen diesen glatt und dicht, aber zunächst einmal nicht übermäßig weich. Doch die kaschmirtypische Haptik stellt sich wie gesagt nach einiger Tragezeit und den ersten Wäschen von selbst ein, wenn Mikrohärchen aus dem Strickgarn den ersehnten Flor bilden. Gestricke, die sich schlapp und schwammig anfühlen, dürfen Sie hingegen ebenfalls getrost links liegen lassen. Hier wurde zu wenig Material im Verhältnis zur Fläche verarbeitet – auch dies eine beliebte Methode, um Produktionskosten zu sparen, durch die jedoch ein frühzeitiger Verschleiß des Pullovers in Kauf genommen wird.

Die allermeisten Pullover sind zweifädig. Das bedeutet, dass das Strickgarn selbst aus zwei miteinander verdrehten Fäden besteht. Je mehr Fäden ein Garn bilden, desto gröber und dicker wird das Gestrick, was sich natürlich auf dessen Kombinierbarkeit auswirkt. Der zweifädige Kaschmirpullover stellt den idealen Mittelweg aus Wärme und Leichtigkeit dar und lässt sich besonders gut als mittlere Kleidungsschicht tragen – doch dazu später noch.

Nach dem Gesagten dürfte verständlich sein, warum Kaschmir eines der ultimativen Luxusprodukte der Mode ist und bei annehmbarer Qualität niemals preisgünstig sein kann. Man muss ihn sich zum vollen Preis leisten können oder aber ganz darauf verzichten. Das heißt freilich nicht, dass man deshalb keine Pullover tragen kann. Rettung naht hier in Form des Merinopullovers. Das vor allem in Australien verbreitete und in großen Herden gehaltene Merinoschaf ist so etwas wie der kaschmirhafteste unter den Lieferanten von Schafschurwolle. Seine Haare sind im Vergleich zu denen anderer Schafrassen feiner und glatter, woraus sich später ein sehr engmaschiges, dichtes Gestrick herstellen lässt. Und die im Gegensatz zur Kaschmirziege hohe Wollausbeute von durchschnittlich drei Kilogramm pro Tier und Jahr ergibt einen erheblich niedrigeren Rohstoffpreis. Die Tatsache, dass man Merinoschafe im Unterschied zu Kaschmirziegen scheren kann und ihnen die wertvollen Haare nicht von Hand auskämmen muss, tut ein Übriges zur Wirtschaftlichkeit von Merinowolle.

All das mindert die positiven Eigenschaften dieser Faser jedoch nicht im Geringsten. Merinostrick ist langlebig, unempfindlich, gut für das eigene Körperklima und aufgrund der breiten Verfügbarkeit des Rohmaterials auch relativ unkompliziert zu bekommen. Warum sich also überhaupt noch nach Kaschmir schnen? Ganz einfach: Kaschmir ist all das, was Merino ist – nur noch ein bisschen besser. Und einen kleinen Nachteil gegenüber dem luxuriösen Kaschmir hat Merinowolle dann doch: In Sachen Wärmespeicherung kann das Haar des Merinoschafes dem der Kaschmirziege nicht das Wasser reichen. Aber ist das tatsächlich so schlimm? In Zeiten vollklimatisierter Büros, Autos und Eigenheime dürfte schiere Wärme nicht mehr die wichtigste Tugend eines Kleidungsstückes sein. In jedem Fall ist Merinowolle die beste Alternative zu Kaschmir – weil sie fast alles kann, was guter Kaschmir kann, dabei aber wesentlich günstiger zu haben ist.

Ganz gleich, aus welcher Faser der Pullover hergestellt ist, für den Sie sich entscheiden – ein ganz spezielles Thema eint sie alle: die Frage nach dem sogenannten Pilling. Als Pilling bezeichnet man eine Ansammlung kleiner Faserknötchen auf der Oberfläche des Gestricks, die dadurch entstehen, dass sich kurze Fasern aus dem Strickmuster lösen und durch Reibung miteinander verfilzen. Diese Reibung kommt vermehrt an Stellen wie Ellenbogen, Unterarmen und Rumpfseiten vor, also da, wo Ihre Körperbewegungen am meisten entgegengesetzt bekommen. Entgegen einer weit verbreiteten Annahme ist Pilling jedoch nicht zwangsläufig ein Zeichen für schlechte Strickqualität. Vielmehr muss man zwischen zwei gegensätzlichen Arten Pilling unterscheiden. Dabei liegt der Unterschied zwischen gutem und schlechtem Pilling in dessen Dauer.

Hochwertige Gestricke, in deren Strickgarnen die gesamte Schur mit langen wie kurzen Stapeln verarbeitet wurde, pillen anfangs etwas, wobei sich der Materialüberschuss löst, der aus der luxuriösen Verwendung von Zuviel des Guten entstanden ist. Dieses

Pilling ist ein Indikator von hoher Qualität und endet spätestens nach der zweiten Wäsche. Schlechtes Pilling dagegen findet sich bei minderwertigen Strickwaren, die lediglich aus für die Verarbeitung eigentlich zu kurzen Fasern bestehen. Hier verfolgt das Pilling Sie und Ihren Pullover bis zum bitteren Ende, wobei sich mehr und mehr Fasern lösen, bis irgendwann höchstens noch das grob haltende Grundraster des Gestricks übrig bleibt – die Oberfläche wird fadenscheinig. Pilling kann also gleichermaßen Zeichen von Qualität wie von Mangel sein. Was davon auf den jeweiligen Pullover zutrifft, zeigt sich erst nach einiger Tragezeit.

In jedem Fall sollten Sie Pilling nicht mit Hilfsmitteln wie einem sogenannten Fusselrasierer begegnen. Diese Geräte schneiden die Faserknötchen auf der Oberfläche des Gestricks ab und verkürzen damit die Fasern, die sich noch im Gestrick befinden. Das Resultat ist eine kurzfristig glatte Oberfläche, die jedoch langfristig noch viel mehr Pilling zeigen wird. Vereinfacht gesagt: Mit einem Fusselrasierer können Sie auch das hochwertigste Gestrick binnen kurzer Zeit für immer ruinieren. Der Fusselrasierer ist daher der beste Feind guter Strickwaren! Und er ist noch dazu vollkommen entbehrlich: Die Knötchen, die beim Pilling entstehen, fallen üblicherweise nach einiger Zeit von selbst ab. Um diesen Prozess sanft zu beschleunigen, können Sie mit einer nicht zu festen Kleiderbürste vom Halsausschnitt zum Hüftbündchen über Ihren Pullover streichen. So lösen Sie vollständig abgekapselte Faserknötchen, ohne allzu großen Schaden am noch intakten Gestrick anzurichten.

Einkauf und Preise

Dass die Qualität von Pullovern starken Schwankungen ausgesetzt ist, wissen Sie jetzt. In aller Regel drücken sich diese Schwankungen auch in den Preisen aus, die für die einzelnen Stücke aufgerufen werden. Die einfachste Qualitätsklasse von Kaschmirpullovern aus dem Kaufhaus ist bereits für knapp 100 Euro zu haben. Bevor Sie aber solche Beträge für schlechten Kaschmir ausgeben, sollten Sie Ihr sauer verdientes Geld lieber in Merinowolle investieren, die in dieser Preisklasse bereits in herausragender Qualität zu finden ist. Lassen Sie sich in dieser heiklen Preiskategorie nicht von vermeintlichen Schnäppchen täuschen und setzen Sie auf bewährte Hersteller, eine exzellente Passform und stimmige Details. Ein solchermaßen klug eingekaufter Pullover kann jeden noch so hochpreisigen Kaschmirstrick ausstechen, solange er nur besser aussieht.

Wenn es dagegen echter, reiner und hochwertiger Kaschmir sein soll – und dazu sei, entsprechende finanzielle Mittel vorausgesetzt, unbedingt geraten –, müssen Sie für Ihren neuen Pullover mindestens 300 Euro anlegen. In dieser Preisklasse dürfen Sie erwarten, dass der verwendete Kaschmir von vorbildlicher Qualität, das daraus hergestellte Gestrick lange haltbar und außerdem fehlerfrei ist. Geben Sie sich nicht mit weniger zufrieden, auch wenn prestigeträchtige Etiketten oder eine angenehme Einkaufsatmosphäre Sie dazu verleiten. Wer so viel Geld für einen Pullover ausgibt, darf mit dem besten Gegenwert rechnen.

Auch ein vermeintlich passfreundliches Kleidungsstück wie den Pullover sollten Sie vor dem Kauf stets anprobieren. Die Variationsmöglichkeiten der Rumpfgestaltung sind einfach zu groß, um sich ausschließlich auf die Nennung einer gewohnten Konfektionsgröße verlassen zu können. Anprobieren ist also Pflicht. Wenn möglich, sollten Sie zum Einkauf ein Hemd und eine Krawatte tragen oder aber in der Umkleidekabine nach diesen Kleidungsstücken verlangen. So können Sie überprüfen, wie sich Ihr neuer Pullover mit und ohne Krawatte, mit offenem und mit geschlossenem Hemdkragen machen wird.

Kombinationen

Die Königsfarbe für den Kaschmirpullover ist hellbraun. Warum? Ganz einfach: Hellbraun findet bei keinem anderen Kleidungsstück der klassischen Herrengarderobe großflächig Verwendung und kontrastiert mit allen anderen üblichen Farben auf ideale Weise. Anders gesagt: Hellbraun fällt nie negativ auf und passt zu nahezu allem.

Bei der Kombination mit anderen Kleidungsstücken unterscheidet man zwei grundsätzliche Arten, einen Pullover zu tragen. Einerseits kann er eine wärmende oder dekorative Schicht zwischen Sakko und Hemd bilden und dadurch die Funktion einer Weste übernehmen. Hier ist besonders darauf zu achten, dass die Dicke des Gestricks der gesamten Kombination angemessen ist. In den meisten Fällen bedeutet das, dass der Pullover nicht zu dick sein sollte, damit Sie in ihm nicht unnötig ins Schwitzen geraten und die Textur des Pullovers jene des Sakkos oder Anzugs visuell nicht erschlägt. Ob Sie den Pullover mit einem Anzug oder einer Kombination aus Sportsakko und Hose tragen, bleibt Ihnen beziehungsweise dem Anlass überlassen.

Andererseits kann ein gut passender Pullover aber auch die Funktion eines Sakkos übernehmen, und zwar immer dann, wenn das Sakko zu formell wäre. Die restlichen Kleidungsstücke sollten dann ebenfalls eher sportlich sein. Zusammen mit einer Chino oder Jeans, einem Oxfordhemd und dunkelbraunen Halbschuhen ist der Pulloverlook als Outfit für entspannte Sonntage kaum zu schlagen. Auch bei dieser zweiten Kombinationsmöglichkeit ist es wichtig, dass der Pullover nicht zu locker sitzt, da der Gesamteindruck sich sonst allzu schnell von lässig zu schlampig wandeln kann – und das sollten Sie unbedingt verhindern.

Pflege

Um einen guten Pullover angemessen zu pflegen, braucht es nicht viel. Im Alltag reicht es vollkommen aus, den Pullover nach jedem Tragen gründlich zu lüften und gegebenenfalls trocknen zu lassen. Gelegentliches Abbürsten mit einer mittelharten Kleiderbürste hilft, allfälligen Staub aus dem Gestrick zu entfernen. Generell gilt auch hier, was schon für einen guten Anzug die oberste Pflegerichtlinie darstellt: Je weniger Reinigung, desto besser.

Sollte Ihr Pullover dann aber doch einmal verschmutzt oder verschwitzt sein, schafft eine schonende Wäsche Abhilfe. Dem kontrollierten Ablauf des Handwaschprogramms in Ihrer Waschmaschine sollten Sie gegenüber der echten Handwäsche stets den Vorzug geben – die Gründe dafür liegen spätestens seit den Pflegehinweisen für Ihre Raw Denim Jeans auf der Hand. Die Fehleranfälligkeit einer echten Handwäsche ist einfach zu hoch, um wertvolle Kleidung dadurch in Gefahr zu bringen. Ein normierter Maschinenwaschgang ist da selbst beim Kaschmirpullover weitaus sinnvoller. Achten Sie darauf, stets nur spezielles Feinwaschmittel zur Pflege von handwäschepflichtiger Kleidung zu verwenden.

Nach dem Waschgang wird Strickware im Gegensatz zu Textilien aus gewebten Garnen niemals hängend getrocknet, um ein Ausleiern der Form zu vermeiden. Ideal ist eine liegende Trocknung, bei der Ihr Pullover dennoch von allen Seiten umlüftet werden sollte. Sie lässt sich am besten dadurch bewerkstelligen, dass Sie den Pullover flach auf einen Wäscheständer legen; das ist zwar Platzverschwendung, aber maximal wirkungsvoll und schonend. Nach dem Trocknen sollten Sie Ihren Pullover vorsichtig glätten. Stellen Sie dazu Ihr Bügeleisen so kalt wie möglich ein und legen Sie notfalls ein Baumwolltuch zwischen Gestrick und Bügelsohle. Oft wird dazu geraten, den Pullover zum Bügeln auf links zu drehen. Dies ist jedoch nicht nötig, sofern das Bügeleisen korrekt eingestellt wurde.

Tatsächlich ist es für die Langlebigkeit des Gestricks besser, wenn es von der belasteten Seite her gebügelt wird. Um die Schultern Ihres Pullovers nicht auszuleiern, sollten Sie ihn übrigens niemals auf einem Bügel hängend aufbewahren. Legen Sie ihn stattdessen nach dem Lüften oder Reinigen zusammen und lagern Sie ihn liegend.

Sie sehen, ein Pullover braucht nur wenig Pflege. Achten Sie jedoch darauf, dem guten Stück nach jedem Tragen mindestens 24 Stunden Ruhe zu gönnen, damit sich das Gestrick abkühlen und zusammenziehen kann und überschüssige Feuchtigkeit aus den Fasern entweicht. Wenn Sie viele Trageanlässe für Pullover haben, ist es sinnvoll, mehrere davon anzuschaffen. Dazu finden Sie im Folgenden einige Anregungen.

Weitergestrickt

Wenn Sie mit Ihrem ersten Pullover zufrieden sind, spricht nichts dagegen, einen weiteren von derselben Sorte zu kaufen. Um dabei Ihr Erscheinungsbild für andere ein klein wenig interessanter zu gestalten, kann eine zweite Farbe nicht schaden. Als nächste Farben empfehlen sich besonders dunkelgrün und hellgrau. Dunkelgrün ist im Zweifel die sicherere Wahl, weil es mit den üblichen Hemdfarben wie Hellblau und Weiß sowie mit Mustern daraus am einfachsten zu kombinieren ist und noch genügend unbelegten Farbraum für eine dazu getragene Krawatte übrig lässt. Die Farbe Hellgrau sollten Sie dagegen am besten für eine ärmellose Variante Ihres Pullovers reservieren.

Nun werden Sie sicher denken: ‹Pullunder? Sehe ich damit nicht automatisch mindestens zehn Jahre älter aus?› Die Antwort lautet: Nur wenn Sie sich so fühlen und entsprechend verhalten. Tatsächlich ist ein Pullunder gerade in Kombination mit Sportjacken häufig die beste Wahl, weil er keine Ärmel hat, die unter dem

Sakko auftragen könnten. Achten Sie darauf, die Passform möglichst körperbetont zu wählen, damit der gesamte Look gepflegt aussieht.

Falls Sie sich mit der Idee eines Pullunders partout nicht anfreunden können oder wollen, sollten Sie erwägen, stattdessen eine Strickweste zu kaufen. Strickwesten oder ärmellose Cardigans sind der ideale Westenersatz für Situationen, in denen eine Weste zu förmlich wäre. Sie können einen zweiteiligen Anzug sportlicher wirken lassen und eine ansonsten eher dröge Kombination aus Sportsakko, Hemd, Hose und Krawatte mit der nötigen zusätzlichen Würze ausstatten.

Um Ihre Strickwarengarderobe zu komplettieren, sei an dieser Stelle noch zu einem dünnen Rollkragenpullover geraten. Dabei sollte der Schnitt schmal und der Rollkragen hoch genug sein. Damit der Rollkragenpullover auch unter einem Sakko getragen werden kann, müssen seine Ärmel etwas länger sein als bei anderen Pullovern. Das Ende des Ärmelbündchens sollte über Ihr Handgelenk hinausreichen, der gesamte Ärmel ist damit idealerweise in etwa so lang wie der eines Hemdes. Dunkelblau wäre eine gute Farbe für diesen Pullover, weil es sich gut mit den üblichen Braun- und Grautönen von Sportsakkos kombinieren lässt, ohne zu altbacken zu wirken. Mit dieser Auswahl an Pullovern sind Sie für jeden Trageanlass, für den sich ein Pullover überhaupt eignet, angemessen gerüstet.

Die unentbehrlichen Accessoires

Eine kleine Reihe wichtiger Accessoires soll hier nicht unerwähnt bleiben, weil sie viele Outfits erst vollständig machen. Auch bei diesen Accessoires lohnt es sich, Zeit in Auswahl und Zusammenstellung der einzelnen Stücke zu investieren, um so einen vielseitigen und haltbaren Grundstock von verlässlichen Kombinationspartnern aufzubauen. Die wichtigsten drei Accessoires, über die Sie immer wieder stolpern werden, sind Strümpfe, Schals und Taschentücher. Sie könnten unterschiedlicher nicht sein. Deshalb betrachten wir sie am besten nacheinander.

Strümpfe

Wie kann man in einem Buch über die wichtigsten Kleidungsstücke einer eleganten Garderobe ein Kapitel ausgerechnet an ein so langweiliges Thema wie Strümpfe vergeuden? Sehen Sie es einmal so: Ernst Dryden-Deutsch, einer der bekanntesten Designer, Illustratoren und Dandys der Geschichte, ganz nebenbei verantwortlich für das noch heute gültige Corporate Design des Herrenschneiders Knize in Wien, wurde nach seinem Tod in seinem Lieblingssessel aufgefunden, bekleidet nur mit einem Morgenmantel und blauen Strümpfen. Anders gesagt: Sie sollten Ihre Strümpfe nie vernachlässigen – wer weiß, zu welcher Berühmtheit sie noch einmal gelangen werden.

Der elegante Mann trägt niemals Socken, sondern immer Kniestrümpfe. Denn Socken neigen dazu, am Bein herabzurutschen, und zeigen auch bei perfektem Halt im Sitzen immer etwas Haut und Haar zwischen Sockenende und Hosensaum – ein Look, der noch niemandem gut zu Gesicht gestanden hat und von dessen Fatalität man sich mit schöner Regelmäßigkeit bei Talkshows und anderen im Sitzen gefilmten Fernsehsendungen überzeugen kann.

Als Material für gute Strümpfe kommen verschiedene Naturfasern in Betracht, von denen die beiden meistverwendeten Schurwolle und Baumwolle sind. Schurwolle ist ungeachtet der vorherrschenden Meinung nicht nur im Winter tragbar, sondern eignet sich dank ihrer guten Eigenschaften für das Hautklima hervorragend als Material der Wahl für ganzjährig zu tragende Strümpfe. Männer, die zu Hitzewallungen neigen oder Wolle nicht gut auf der Haut vertragen, sind dagegen mit Baumwollstrümpfen besser beraten.

Unabhängig von ihrem Material sehen einfarbige Strümpfe – und darauf sollten Sie sich fürs Erste beschränken – am besten aus, wenn sie mittelbreit gerippt sind. Diese Variation des Strickbildes, die durch den Wechsel zwischen rechten und linken Maschen entsteht, belebt die Oberfläche und führt den Blick des Betrachters von den Schuhen aufwärts. Zur Farbe Ihrer Strümpfe ist zu sagen, dass mehr Farbe als üblich nicht schadet, zu viel Farbe aber eher mit Skepsis begegnet werden sollte. Ihre Strümpfe müssen weder dem Farbton Ihrer Schuhe noch dem Ihrer Hose exakt entsprechen, sondern dürfen entweder genau dazwischen liegen oder – in der Regel ist das die sicherere Wahl – in einer anderen Farbe einen merklichen Kontrast dazu bilden. Dunkelrot ist stets ein guter Ausgangspunkt für eine gut sortierte Strumpfgarderobe, weil es mit eigentlich allen üblichen Farben der Herrenmode harmoniert und dennoch angemessen kontrastiert.

Darüber hinaus haben sich dunkelgrün und dunkelblau als praktikable Strumpffarben für den Alltag bewährt. Meiden Sie in jedem Fall Grautöne, Braun und Schwarz. Anders als vielfach ge-

handrollierter Saum

Maschinensaum

glaubt, sehen diese Farben zu so gut wie keinem Outfit auch nur entfernt passabel aus und dienen ausschließlich dazu, den Möchtegern vom gut gekleideten Mann zu unterscheiden. Als Grundausstattung ist eine Kollektion von 14 Paar Strümpfen ausreichend. Damit ist sichergestellt, dass Sie jeden Tag der Woche ein neues Paar tragen können und mit der Wäsche noch eine volle weitere Woche Zeit haben.

Ein gutes Paar Strümpfe kostet mindestens zehn Euro. Ab diesem Preis dürfen Sie hochwertige Garne aus Naturfasern wie Wolle oder Baumwolle erwarten, die gleichmäßig und fehlerfrei verstrickt sind. Der Zehenbereich sowie die Fersenkappe eines guten Strumpfes sind handgekettelt und sorgen so für das in diesen Bereichen besonders wichtige Maß an zusätzlicher Elastizität und Haltbarkeit. Die Qualität der Strümpfe nimmt mit steigendem Preis nicht zwangsläufig zu, so dass Sie mit der genannten Preisklasse eigentlich immer gut bedient sind. Wenn Sie sich aber dennoch einen Luxus leisten wollen, müssen Sie etwa 25 Euro ausgeben. Für diesen zugegebenermaßen stattlichen Preis erhalten Sie dann statt einfacher Baumwolle zum Beispiel feinste Pima- und Sea-Island-Qualitäten, statt schnöder Schurwolle hochwertige Garne von Merino- und Donegalschafen. Wollstrümpfe, die ganz oder teilweise aus Kaschmir gearbeitet sind, kosten hingegen mindestens 50 Euro. Sie sind für die Alltagsgarderobe allerdings nicht empfehlenswert, weil sie schlicht zu aufwendig in der Pflege sind – und letztendlich auch zu teuer, um gleich ein Dutzend davon anzuschaffen.

Apropos Pflege: Strümpfe sollten ungeachtet ihres Materials ausschließlich im Fein- oder Wollwaschgang Ihrer Waschmaschine gereinigt werden. Auch Baumwollstrümpfe, die theoretisch heißer und aggressiver gewaschen werden könnten, bleiben länger stabil und farbtreu, wenn sie schonend behandelt werden. Der Wäschetrockner ist für den guten Strumpf tabu, stattdessen sollte er hängend lufttrocknen und anschließend glattgestrichen werden.

Schals

Der Schal fristet, auch und gerade in der Herrengarderobe, ein Nischendasein – vollkommen zu Unrecht, denn genau hier könnte er so richtig aufblühen. Im Winter ist der Schal für viele Männer gerade noch akzeptabel. Selbst in dieser Jahreszeit fällt allerdings die Tendenz ins Auge, so selten wie möglich Schal zu tragen. Warum nur? Man möchte meinen, die zusätzliche Wärme um den Hals und auf der Brust, die ein Schal gewähren kann, sei in den kalten Monaten herzlich willkommen – doch allem Anschein nach ist es anders. Der Schal wird als unnützes, aufwendiges und letztlich umständliches Accessoire aufgefasst, ein Stück Kleidung, auf das man gut verzichten kann. Unbegreiflich.

Eigentlich braucht jeder Mann zwei Schals für den Winter, die sich je nachdem einsetzen lassen, wie mild oder grimmig sich das Wetter zeigt. An richtig kalten Tagen ist ein hochwertiger Kaschmirschal unerlässlich. Er kann gewebt oder gestrickt sein, wobei sich in jedem Fall mit der Zeit ein großzügiger Haarfloor bilden sollte, der warme Luft speichert und am Körper festhält. Wie schon beim guten Kaschmirpullover sollte auch hier das Material nicht von Anfang an zu weich und flauschig sein – für den guten Kaschmirschal gelten dieselben Kriterien wie für guten Kaschmir im Allgemeinen. Einfarbige Schals sind die kombinationsfreudigsten, weil sie nur wenig vom restlichen Outfit ablenken. Dunkelrot und mittelbraun passen zu nahezu jeder anderen Farbe, die Sie üblicherweise tragen, wobei der dunkelrote Schal sogar unfallfrei zur Abendgarderobe kombiniert werden kann und insofern der ideale erste Kauf ist. Für einen hochwertigen Kaschmirschal sollten Sie etwa 80 Euro einplanen. Etwas günstiger sind Varianten aus Merinowolle zu haben, die lediglich etwa 40 Euro kosten.

Im Herbst oder an freundlicheren Wintertagen ist ein Schal aus Seide in Sachen Wärmeleistung ausreichend. Für die Tagesgarderobe sollte er allerdings nicht zu förmlich sein. Hier eignet sich bedruckter Seidentwill besonders – ein mittelgroßes Paisley- oder Nierenmuster ist immer eine ausgezeichnete Idee. Wählen Sie eine eher schwere, dichte Seide, die wenig knittert und sich leicht feucht anfühlt. Ein glatter Griff steht für eine geschlossene Oberfläche, die Schmutz und Hautschuppen abweist und dadurch weniger reinigungsintensiv ist. Da Seidenschals in aller Regel schlauchförmig sind und deshalb viel Material verschlingen, sind sie oft teurer als ein gewebter oder gestrickter Schal aus Kaschmir. Mindestens 60 Euro sind hier üblich, bei besonders hoher Materialqualität sogar bis zu 120 Euro. Wenn Sie schon beim Kauf absehen können, dass Sie den Seidenschal häufig tragen werden, lohnt sich die Investition in ein teures, mutmaßlich haltbareres Stück; andernfalls ist eine einfachere Qualität ausreichend – schließlich wird auch der beste Schal durch Lagerung im Schrank nicht besser.

Im Sommer wird es dann noch schlimmer als im Winter. Wann haben Sie zuletzt einen Mann gesehen, der im Frühling oder Sommer einen Schal um den Hals trug? Eben. Die wenigsten Männer wissen, dass ein Schal auch bei großer Hitze wahre Wunder wirken kann. Ein passendes Material vorausgesetzt, kann er nämlich nicht nur wärmen, sondern auch ausgezeichnet kühlen. Poröses Leinen eignet sich hervorragend dazu, Hitze, die sich sonst am Körper des Trägers stauen würde, von diesem wegzutransportieren und Sonnenstrahlung abzuschirmen. Beduinenstämme nutzen diese eher unbekannte Eigenschaft verschiedener Stoffe seit jeher mit großem Erfolg. Wichtig ist, dass das Gewebe nicht direkt und eng auf der Haut aufliegt, sondern reichlich Luftzirkulation ermöglicht. Greifen Sie zu Leinen in sehr loser Leinwandbindung. Das Gewebe sollte so dünn und fein sein, dass Sie mühelos hindurchsehen können. Achten Sie zudem auf einen möglichst rauen Griff. Weiche Stoffe lassen auf einen hohen, dichten Flor schließen, der warme Luft lange speichert, und eignen sich deshalb nicht für Sommerschals. Helle Farben

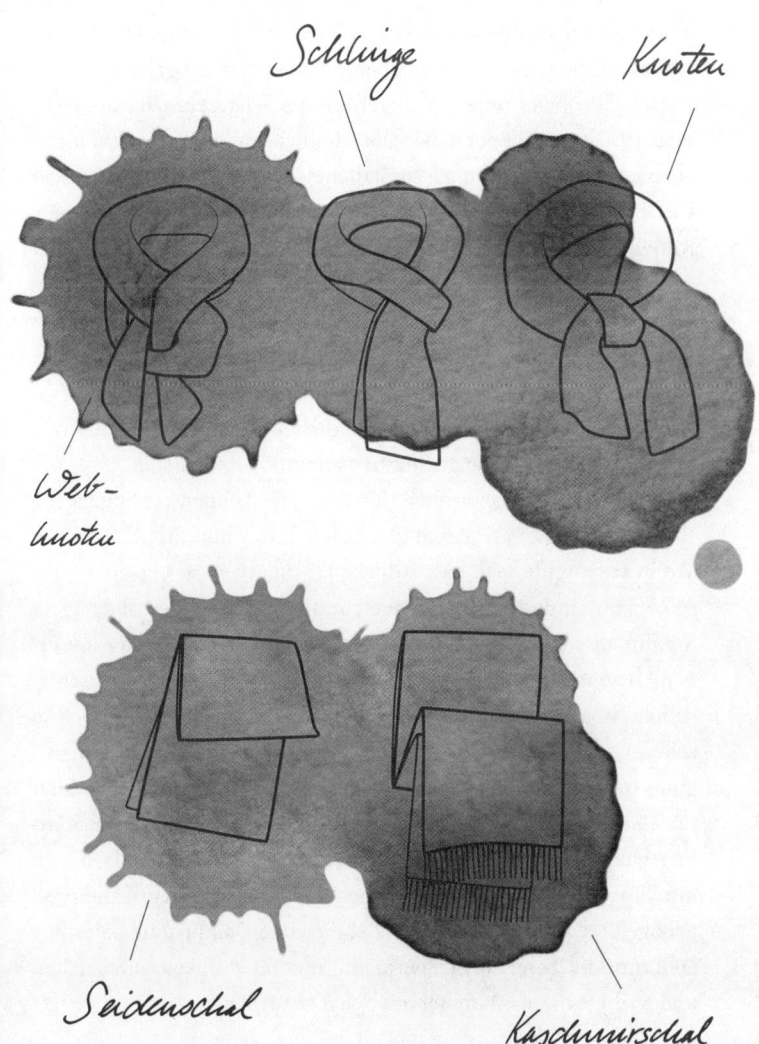

Schlinge

Knoten

Web-
knoten

Seidenschal

Kaschmirschal

helfen zusätzlich, das Licht zu reflektieren, und wirken so einem Aufheizen des Gewebes entgegen. Halten Sie also Ausschau nach Farben zwischen Cremeweiß und Karamellbraun. Blasse Männer greifen dabei zu den dunkelsten Tönen dieses Farbspektrums, gebräunte Typen sind mit den helleren Farben besser beraten.

Doch von der reinen Nützlichkeit des Schals einmal ganz abgesehen: Er ist auch noch eine gute Möglichkeit, jeden Look mit nur einem Handgriff um eine zusätzliche visuelle Schicht oder sogar Farbe zu bereichern. Wer sich an das Thema der verschiedenen Knoten gerade erst herantastet, ist mit der einfachen Schlinge auf der sicheren Seite. Halbieren Sie dafür den Schal in der Länge, legen Sie die nunmehr doppelte Stoffbahn von hinten her um Ihren Hals und ziehen Sie die Seite mit den beiden Enden durch die auf der anderen Seite entstandene Schlinge. Wie fest oder lose Sie den Knoten ziehen, hängt von Ihrem persönlichen Komfortempfinden und Wärmebedarf ab – je enger, desto wärmer.

Schals aus Merinowolle oder Kaschmir können im Schongang Ihrer Waschmaschine gereinigt werden. Wie schon für alle anderen Wolltextilien gilt auch hier striktes Trocknerverbot. Lassen Sie Ihren Schal stattdessen liegend und gut umlüftet trocknen und bügeln Sie ihn anschließend bei niedriger Temperatur und immer mit einem Baumwolltuch zwischen Schal und Bügelsohle. Seidenschals sollten Sie einer professionellen Reinigung anvertrauen – jedoch so selten wie nur irgend möglich. Zur Erinnerung: Die Trockenreinigung ist mehr ein notwendiges Übel denn eine ernsthafte Wohltat für Textilien aller Art und sollte stets eine Ausnahme bleiben. Sommerschals aus Leinen vertragen eine reguläre Wäsche zusammen mit Ihren Hemden gut und können auch genauso getrocknet und gebügelt werden. Vermeiden Sie aber starke Dampfstöße beim Bügeln, um die Faser nicht übermäßig mit Feuchtigkeit aufzublähen und so die Atmungsaktivität des Schals zu erhalten.

Einsteck- und Taschentücher

Seit einiger Zeit werden Einsteck- und Taschentücher als Kategorien immer strikter getrennt. Ob diese Entwicklung von den Herrenausstattern ausgeht, die auf diese Weise mehr Tücher verkaufen können, oder aber von uns allen, die wir immer häufiger auf Einweg-Papiertaschentücher zurückgreifen und deswegen die enge Verwandtschaft der beiden Stofftücher für unterschiedliche Taschen schlicht vergessen, kann niemand mit Gewissheit sagen. Fakt bleibt jedoch, dass es vor gar nicht allzu langer Zeit nur eine Art des Taschentuches gab, die gleichermaßen haltbar wie elegant verarbeitet war und sich deshalb sowohl für die Brust- als auch für die Hosentasche eignete. Möglicherweise war ein erster Schritt zur heutigen Differenzierung die Regel, dass der gut gekleidete – und ganz besonders der gut erzogene – Mann stets ein sauberes Taschentuch mit sich zu führen hatte, um es notfalls einer Dame anbieten zu können. In England entwickelte sich der Spruch: «One for showing and one for blowing», also ein Taschentuch für die Optik und ein weiteres für die Nase. Das Tuch für die Nase blieb stets in einer Innentasche verwahrt, während man das Tuch für die Optik in der Brusttasche des Sakkos trug.

Damit war der Weg frei für aufwendig gestaltete und aus immer hochwertigeren Materialien hergestellte Einstecktücher. Diesen begannen leider immer schlechter verarbeitete und eher schmucklose Taschentücher gegenüberzustehen. Zu dieser Entwicklung muss man jedoch anmerken, dass noch heute auch das teuerste und edelste Tuch immer an seinem Praxisnutzen gemessen werden sollte. Wenn Ihnen ein Tuch schon beim Kauf zu wertvoll erscheint, um damit notfalls auch einmal die Gläser Ihrer Brille zu reinigen, sollten Sie einen Bogen darum machen. Erfahrungsgemäß werden solche Tücher später auch sonst über Gebühr geschont und kommen so selten zum Einsatz, dass sich ihre Kosten pro Tragetag durch lange und unnütze Lagerung noch weiter steigern. Übrigens sind es keinesfalls die hochwertigen Stoffe, die Ihnen ihre Zweckentfremdung als Brillenputztuch verübeln. In aller Regel verkraften sie eine derartige Prozedur besser als ihre einfacheren Pendants.

Da Einstecktücher aus den unterschiedlichsten Materialien bestehen können, ist ein Leitfaden zum Erkennen guter Qualität nicht so einfach zu formulieren. Man findet heute in den Läden Tücher aus Baumwolle, Leinen, Seide und Wolle, wobei das Seidentuch sicherlich am weitesten verbreitet ist. Wie Sie gute Seide erkennen, haben Sie am Beispiel der Krawatte bereits gelernt. Beim Einstecktuch haben Sie den entscheidenden Vorteil, auch die Rückseite des Gewebes betrachten und so dessen Qualität noch genauer abschätzen zu können. Hochwertige Seiden sind geschmeidig und glatt, knittern nicht und weisen eine hohe Farbbrillanz auf der Vorderseite auf. Die Rückseite dagegen ist matt und – je nach Muster des Tuches – deutlich heller oder dunkler als die Vorderseite. Außerdem fühlt sie sich leicht rau an, stabilisiert so das Tuch in der Tasche und sorgt damit für besseren Halt.

Wie bei Seidentüchern sind auch bei Tüchern aus Wolle die Muster in aller Regel aufgedruckt, nicht eingewebt. Das Gewebe ist dadurch dünner und bleibt flexibel und faltbar, was sich später in der Brusttasche positiv auf Ihr Erscheinungsbild auswirken wird. Üblicherweise werden für Einstecktücher Wollstoffe in gerader Webart oder feinem Schräggrat verwendet, da diese aufgrund ihres geringeren Volumens besser und haltbarer in bestimmten Formen gefaltet werden können. Im Gegensatz zu Seidentüchern, die ähnlich einer Seidenkrawatte eine gewisse Dicke aufweisen sollten, gilt für Wolltücher also: Je dünner, desto besser. Der Grund liegt in den sehr unterschiedlichen Materialeigenschaften. Seide kann relativ dick gewebt werden und gewinnt dabei an Stabilität und Faltbarkeit. Wolle dagegen neigt bei zu dicker Webung dazu, sich überhaupt nicht mehr falten zu lassen, was zur Folge hat, dass ein dickes Wolltuch mit der Zeit aus der Brusttasche Ihres Sakkos herausrutschen würde.

Baumwolle eignet sich vor allem als Material für Taschentücher. Qualitäten, die elegant genug sind, um auch als Einstecktuch getragen werden zu können, sind selten und kosten dann in aller Regel so viel wie ein gutes Seidentuch. Sie tun also gut daran, auf Einstecktücher aus Baumwolle ganz zu verzichten. Eine nahe liegende Alternative ist – neben den beiden schon erwähnten Materialien – ein Tuch aus Leinen.

Einstecktücher aus diesem Stoff sind den Taschentüchern, aus denen sie ursprünglich hervorgingen, am ähnlichsten. Gutes Leinen zu finden ist heute allerdings schwieriger als je zuvor. Moderne Leinenstoffe bestehen häufig nicht aus Garnen, die fein genug sind, um ein dichtes, aber flexibles Tuch zu ergeben. Daher fallen sie entweder zu dick aus, um sie noch ordentlich in der Brusttasche tragen zu können, oder zu dünn, um nicht beim leisesten Windhauch zu knittern. Jedoch: Das wichtigste Einstecktuch von allen ist das aus weißem Leinen. Insofern sollten Sie auf dessen Auswahl größte Mühe verwenden. Die Zeit, die Sie in die Suche nach dem perfekten Tuch investieren, sparen Sie später wieder ein, weil Sie nicht ständig Ersatz besorgen müssen. Hochwertige Qualitäten erkennen Sie an ihrer sogenannten Atlasbindung, einer Spielart des Twill, die besonders reißfest ist. Darüber hinaus sollte ein hochwertiges Tuch auch immer hochwertig gesäumt sein.

Ein einfacher glatter Maschinensaum ist hier nicht genug. Die besten Einstecktücher sind ungeachtet des verwendeten Materials immer mit einem handrollierten Saum gefertigt. Dafür werden die Kanten des Tuches mit einem einzigen Faden feiner Nähseide kaum sichtbar punktiert und anschließend sanft unter Zug gesetzt, damit sie sich leicht einrollen. Es entsteht auf diese Weise ein relativ dicker, walzenförmiger Saum, der dem Tuch zusätzliche Stabilität verleiht. Diese Saumart ist äußerst arbeitsaufwendig und wird in

Perfektion heute kaum mehr hergestellt. Entsprechend teuer sind Tücher, die damit ausgestattet sind: Ein sorgfältig handrolliertes Tuch kostet etwa 40 Euro. Tücher mit maschinenrolliertem Saum sind dagegen bereits für etwa 20 Euro erhältlich. Auf den ersten Blick sind die beiden Saumvarianten kaum voneinander zu unterscheiden. Bei genauerer Betrachtung fällt allerdings auf, dass bei der maschinellen Rollierung die Naht, die den Saum zusammenhält, sichtbar bleibt, während sie bei der echten Handrollierung im Inneren des Saums verborgen ist. Lediglich auf der Vorderseite des Tuches ist eine feine Linie gleichmäßiger Punktstiche zu sehen.

Maschinell rollierte Einstecktücher stellen anfangs eine gute Option dar, um sich eine verhältnismäßig günstige Basiskollektion aufzubauen. Maschinengesäumte Kanten, wie sie an Tüchern für weniger als 20 Euro üblich sind, sollten Sie hingegen lediglich an Taschentüchern akzeptieren und auf die Anschaffung so verarbeiteter Einstecktücher besser ganz verzichten. Die relativ geringe Preisersparnis von etwa fünf Euro je Tuch steht in keinem Verhältnis zu den ästhetischen und qualitativen Einbußen, die damit einhergehen. So könnten Sie ein maschinengesäumtes Tuch beispielsweise nie mit seinen Kanten nach oben in der Brusttasche tragen, weil sonst stets an der einen oder anderen Stelle eine sichtbare Naht das Erscheinungsbild trüben würde. Unterschätzen Sie niemals die Signalwirkung solch kleiner, scheinbar unbedeutender Details – sie haben mitunter großen Einfluss auf den Eindruck, den Ihr gesamtes Outfit bei Ihrem Gegenüber hinterlässt.

Besonders Tücher aus Leinen sind nicht selten mit einem sogenannten Hohlsaum versehen. Hierbei ziert den oft absichtlich breit gehaltenen und ansonsten flachen Saum eine Art Lochmuster, das dadurch entsteht, dass das Tuch mit einem seiner eigenen Kett- oder Schussfäden vernäht wird, den man zuvor aus dem Gewebe zieht. Einfache Hohlsaummuster können heute auch maschinell hergestellt werden und sind von ihren handgemachten Pendants kaum zu unterscheiden. Komplizierte Muster sind für Herrentücher nicht angebracht und bleiben besser der Damenmode vorbehalten. Ein hochwertig hohlgesäumtes Tuch erkennen Sie daran, dass es mit sogenannten Briefecken gesäumt ist, die Ecknähte des Tuches also auf dessen Mitte zulaufen. Weil dadurch alle Kanten des Tuches auf der Innenseite des Saumes liegen, ist dieser flacher und wesentlich stabiler als sonst. Ein hohlgesäumtes Leinentuch kostet etwa 30 Euro.

Übliche Größen für Einstecktücher schwanken zwischen 33 und 45 Zentimetern Kantenlänge. Hier gilt es auch, die übliche Größe der Brusttaschen Ihrer Sakkos und Anzüge zu beachten. Je größer das Einstecktuch ist, desto weniger wird es in der Tasche verrutschen. Mit zunehmender Größe gewinnt es jedoch auch an Volumen, was besonders bei kleinen Brusttaschen zu unansehnlichen Beulen führen kann. Taschentücher sind nochmals deutlich größer als Einstecktücher und messen je Seite bis zu 55 Zentimeter.

Entgegen weit verbreiteten Vorstellungen braucht man gar nicht viele Einstecktücher, um stets das passende zum gerade gewählten Outfit parat zu haben. In den meisten Situationen ist das hochwertige Einstecktuch aus weißem Leinen vollkommen angemessen; viele Männer tragen es sogar als einziges Einstecktuch ihrer gesamten Garderobe – und liegen damit gar nicht so falsch. Das weiße Leinentuch beherrscht die gesamte Klaviatur der Formalität und passt gleichermaßen zum Tweedsakko wie zum Smoking. Beim Herrenausstatter finden Sie Einstecktücher aus Leinen häufig im Dreierpack angeboten. Dagegen spricht prinzipiell nichts – im Gegenteil: Es ist sehr sinnvoll, sich drei Leinentücher anzuschaffen, um stets genügend saubere Tücher in Reserve zu haben. Lassen Sie sich aber vor dem Kauf unbedingt alle drei Tücher auspacken und kontrollieren Sie deren Verarbeitung. Tücher mit Hohlsaum dürfen Sie als Einstecktücher wie auch als Taschentücher verwenden, sofern Sie den Mehrpreis für ein aufwendig gesäumtes Taschentuch verkraften können. Tragen Sie Einstecktücher aus Leinen in einer glatten Rechteckfaltung, damit sie in der Brusttasche nicht zu sehr auftragen. Hierfür halbieren Sie das Tuch einfach so lange abwechselnd vertikal und horizontal, bis es in die Tasche passt.

Wo wir gerade beim Thema der Angebotssets sind: Lassen Sie stets die Finger von Einstecktüchern, die zusammen mit einer Krawatte verkauft werden. Der Kenner trägt niemals Einstecktuch und Krawatte aus demselben Stoff, sondern wählt stattdessen ein Tuch, das höchstens zwei Farben des übrigen Outfits aufgreift, ohne eines von dessen Mustern direkt zu wiederholen. Um dieser Anforderung mit einer möglichst kleinen Zahl an Einstecktüchern entsprechen zu können, empfiehlt sich der Kauf eines großformatig und bunt bedruckten Exemplars. Ein großes Paisleymuster eignet sich hier perfekt. Durch seine abwechslungsreichen Farben und Formen sieht es gefaltet immer etwas anders aus, je nachdem, welche Seite gerade aus der Tasche lugt.

Für bedruckte Seidentücher empfiehlt sich ganz besonders die sogenannte Bauschfaltung. Dabei handelt es sich um keine Faltung im engeren Sinn – diese scheut der gut gekleidete Mann ohnehin, weil sie durch ihre starre Struktur meist zu affektiert wirkt und unnötig Aufmerksamkeit auf sich zieht. Die Ausnahme, die die Regel bestätigt, ist die unaufdringliche Rechteckfaltung, wie sie eben beschrieben wurde. Für die Bauschfaltung wird das Einstecktuch lediglich leicht zusammenknüllt und mit den Kanten entweder nach oben oder nach unten so weit in die Brusttasche gesteckt, dass nur noch etwa ein Zentimeter Stoff herausragt. Je nachdem, welche Farben oder Details Ihres Tuches Sie zeigen wollen, können Sie es anschließend noch entsprechend drehen oder neu positionieren. Der Kauf eines einzigen solchen bedruckten Seidentuches reicht also fürs Erste aus, um die meisten Kombinationen zu bereichern.

Wenn Sie Ihre Auswahl an Einstecktüchern über diesen Grundstock hinaus bereichern wollen, sind Sie mit einem Exemplar aus bedruckter Wolle gut beraten. Dieses sieht ebenfalls in Bauschfaltung am besten aus und passt gut zu sportlichen Kombinationen oder informellen Anzügen wie etwa einem Dreiteiler aus Glencheck. Als Alternative zum weißen Leinentuch zum Smoking empfiehlt sich ein dunkelrotes Seidentuch mit handrollierten Kanten. Die Seide des Tuches sollte allerdings nicht zu auffällig glänzen, um im Rahmen des monochromen Abendanzuges nicht alle Blicke auf sich zu ziehen.

Ihre Tuchgarderobe komplettieren Sie mit einer Auswahl guter Taschentücher, die der Zahl Ihrer Hemden entspricht. Wechseln Sie Ihr Taschentuch täglich und achten Sie der Hygiene zuliebe bereits beim Kauf darauf, dass Ihre Taschentücher bei hohen Temperaturen gewaschen werden können. Auch Bleiche oder ein Schleudergang sollten ihnen nichts anhaben können. Weiße Baumwolltaschentücher sind in dieser Hinsicht die beste Wahl, denn kein anderes Material ist unkomplizierter. Sollten Sie aber erwägen, auf Stofftaschentücher ganz zu verzichten und sich weiter mit der Variante aus Papier zufrieden zu geben, sei nochmals vehement auf die goldene Regel hingewiesen: Es sind genau solche Details, die den gut angezogenen Mann ausmachen. Seien Sie sich also den geringfügig höheren Aufwand wert, der mit einem guten Stofftaschentuch verbunden ist. Schließlich wird für das kultivierte Naseputzen in aller Regel nicht einmal ein zusätzlicher Waschgang pro Woche vonnöten sein.

Einstecktücher aus Seide und Wolle bedürfen übrigens keiner besonderen Pflege und sollten nur dann gereinigt werden, wenn sie sichtbare Flecken aufweisen. Einstecktücher aus Leinen werden dagegen regelmäßig gewaschen und gebügelt, wobei sie genauso behandelt werden können wie ein hochwertiges Oberhemd.

Der Smoking

Alfred Hitchcock, Brad Pitt, Cary Grant, David Niven – nicht zuletzt dank zahlreichen Legenden aus der Filmbranche gilt der Smoking vielen Männern als der formellste Anzug überhaupt. Dabei war er ursprünglich das Gegenteil dessen, was er heute darstellt, und damit gerade nicht die Garderobe der Wahl für Bälle, gehobene Empfänge und Cocktailparties. Er entstand gegen Ende des 19. Jahrhunderts und sollte eine lässige Alternative zum Frack sein, dem damals üblichen Abendanzug. Als sein Erfinder gilt der älteste Sohn der britischen Königin Victoria, der spätere König Edward VII. Seine berüchtigte Schwäche für elegante, aber bequeme Kleidung – er hasste beispielsweise das Gefühl von Hosenträgern und trug als einer der ersten Männer der Modegeschichte oft Hosen mit Gürtel – machte auch vor der formellen Garderobe nicht Halt. Also gab er bei seinem Schneider, Henry Poole & Co. in London, eine kürzere und lässigere Variante seiner Frackjacke in Auftrag, die er auf seinen eigenen *dinner parties* mit den übrigen Komponenten des Fracks zu tragen gedachte. Das daraus resultierende Ensemble fand rasch Anklang bei seinen Gästen und wurde in der Folge zahlreich kopiert. Bis heute existiert es in nahezu unveränderter Form.

Die Unterschiede zum Anzug

Was genau aber unterscheidet einen Smoking von anderen Anzügen? In Sachen Schnitt und Verarbeitung gibt es keine nennenswerten Unterschiede; hier gelten ausnahmslos die Regeln des guten Anzugs. So ist auch der Smoking seiner Grundkonzeption nach ein dreiteiliger Anzug aus Sakko, Hose und Weste – über eine Ausnahme von dieser Regel wird noch etwas später zu sprechen sein. Außerdem kann auch die Smokingjacke einreihig oder zweireihig zu knöpfen sein, und ihre übrige Konstruktion ist weitgehend identisch mit der einer Anzugjacke (oder eines Sportsakkos). Die unterscheidenden Merkmale liegen eher in kleineren – aber entscheidenden – Details, von denen die meisten die Smokingjacke auf sich vereint – Hose und Weste sind in dieser Hinsicht vergleichsweise zahm.

Sicherlich am auffälligsten ist das Revers der Smokingjacke, das mit einem sogenannten Spiegel gearbeitet ist. Seine Oberseite ist also nicht aus dem Oberstoff der Jacke gefertigt, sondern aus schwarzer Seide. Die beiden üblichen Varianten heißen Rips und Satin. Rips ist eine Art horizontaler Twill und glänzt weniger stark als der glatte, dicht gebundene Satin. Letzterer wird mittlerweile häufiger verwendet. Doch gleichgültig, für welches der beiden Materialien Sie sich entscheiden – stellen Sie sicher, dass auch alle übrigen Seidenakzente, von denen im Folgenden noch die Rede sein wird, aus demselben Stoff bestehen; andernfalls wirkt es, als hätten Sie versehentlich die falsche Weste oder Hose zu Ihrer Jacke kombiniert oder als verstünde der Hersteller der Jacke nichts von seinem Fach.

Das Revers eines Smokings ist außerdem niemals fallend, sondern entweder steigend oder als sogenannter Schalkragen gearbeitet. Hierbei fällt die gewohnte Naht zwischen Kragen und Revers weg, und der Kragen selbst zieht sich ohne Unterbrechung bis zum Schließknopf hinunter. Und wo wir gerade beim Schließknopf sind: Der einreihige Smoking – die beste Wahl, wenn man wie heutzutage fast jeder Mann nur einen Smoking besitzt – hat ausnahmslos einen einzigen Knopf an der Front. Dieser und alle übrigen Jackenknöpfe bestehen entweder aus glänzender Steinnuss oder sind mit Seide bezogen. Günstige Smokings sind leider oft nur mit Knöpfen aus

steigendes Revers

doppelte Paspel

Galon

Kunststoff ausgestattet. Hier lohnt sich die Investition in ein Set hochwertiger Knöpfe, gegen das Sie die vorhandenen austauschen lassen. Ein Satz guter Knöpfe kostet weniger als 20 Euro, wird Ihren Smoking allerdings enorm aufwerten.

Die Hüfttaschen der Smokingjacke haben keine Patten, die als sportliches Detail an einem formellen Kleidungsstück nichts zu suchen haben. Stattdessen sind sie mit einer doppelten Paspel verstärkt, die wiederum aus schwarzer Seide bestehen kann, aber nicht muss. Schräge Taschen, wie sie bei Anzügen möglich und bei Sportsakkos nicht unüblich sind, passen ebenfalls nicht zur Smokingjacke. Generell gilt: Je zurückhaltender die Smokingjacke gestaltet ist, desto besser. Die wichtigste Aufgabe des Smokings liegt schließlich in einer weitgehenden Uniformierung, die bereits fast von selbst zu einem eleganten Look führt. Schon deshalb ist es übrigens nicht empfehlenswert, vom klassischen monochromen Smoking abzuweichen. Lediglich kleinste farbliche Variationen im Rahmen der Accessoires sind von Zeit zu Zeit sinnvoll – doch dazu später mehr.

Zunächst noch einige Hinweise zur korrekten Smokinghose. Diese erkennen Sie am leichtesten am sogenannten einfachen Galon, der die äußeren Längsnähte der Hosenbeine verdeckt. Er besteht aus einem Streifen schwarzer Seide, die zum Spiegelmaterial der Jacke passen muss. Der Unterschied zur Frackhose liegt darin, dass diese einen doppelten Galon aufweist, also je einen Streifen Seide links und rechts der Naht. Selbstverständlich wird die Frackhose niemals zum Smoking getragen. Der Galon der Smokinghose verdeckt auch den Eingriff der seitlichen Schubtaschen, die in die Hosennaht versenkt sind. So entsteht, von der Seite betrachtet, der Eindruck eines vollkommen glatten, ununterbrochenen Hosenbeins. Gesäßtaschen sind an der Smokinghose eigentlich nicht nötig – sie haben ja auch an Anzughosen keine Funktion, die nicht irgendeine andere Tasche besser erfüllen könnte.

Die Beine formeller Hosen werden nie mit Umschlägen gesäumt, und die Smokinghose bildet hier keine Ausnahme. Der Hosensaum muss also glatt sein und sollte, um den Oberstoff zu schonen, innen mit einem sogenannten Stoßband aus stabiler Viskose verstärkt sein. Am besten fällt Ihre Smokinghose, wenn Sie von Ihren Schultern statt von Ihrer Taille herabhängt – also an Hosenträgern. Allerdings sollten es dann auch formelle Hosenträger sein, die traditionellerweise aus Seide oder Barathea in Schwarz oder Weiß bestehen. Alternativ dürfen es auch Seitenspangen am Hosenbund sein, die für den korrekten Sitz der Hose sorgen. Gürtel haben an einer formellen Hose wie der für den Smoking dagegen nichts verloren und sollten das Vorrecht sportlicher Hosentypen bleiben – königliche Vorbilder hin oder her.

Die Front einer Smokingweste kann entweder aus dem Oberstoff des übrigen Anzugs oder aus schwarzer Seide bestehen. Andere, kontrastierende oder gar bunte Stoffe wirken leider nie auch nur ansatzweise so pfiffig, lustig oder frisch, wie ihr Träger sich das vielleicht vorstellt – verzichten Sie also am besten gleich ganz darauf. Um die Dinge nicht unnötig zu verkomplizieren oder Ihr Gegenüber optisch zu überfordern, sollte die Smokingweste kein Revers haben. Aufgrund des langgezogenen Revers der Jacke hat sie außerdem einen tieferen Brustausschnitt und oft weniger Knöpfe als eine gewöhnliche Anzugweste. Üblich sind vier bis sechs Knöpfe, die zu denen der Smokingjacke passen müssen. Haben Sie also bereits Ihre Sakkoknöpfe gegen höherwertige ausgetauscht, sollten Sie dasselbe mit den Knöpfen der Weste tun. Sofern Ihre Smokingweste über Taschen verfügt, können auch diese mit Seide eingefasst sein. Meist hat eine Smokingweste weniger Taschen als die eines Tagesanzugs.

Für den ersten – und meist auch den einzigen – Smoking kommt eigentlich nur ein Stoff infrage: schwarzer Barathea. Dieses Gewebe aus feinem Kammgarn erkennen Sie an seiner körnigen, aber twill-ähnlichen Struktur und dem matten Finish. Barathea knittert kaum und fällt auch bei geringem Gewicht glatt, weil das treppchenförmige Webbild dem Material eine außergewöhnliche Stabilität verleiht. Einen Nachteil hat Barathea jedoch: Er ist alles andere als luftdurchlässig. Dieses Problem können Sie allerdings relativ einfach umgehen, indem Sie beispielsweise ein Smokinghemd aus sehr dünnem oder luftdurchlässigem Stoff darunter tragen. In den allermeisten Situationen ist diese Lösung völlig ausreichend. Sollten Sie genügend Anlässe und Termine in Ihrem Kalender haben, um den Kauf eines weiteren Smokings zu rechtfertigen, können Sie sich einen aus schwarzem Fresko oder einer Mischung aus Wolle und Mohair anschaffen, auf den Sie dann im Sommer oder an warmen Orten ausweichen: Aufgrund seines geeigneteren Materials ist er spürbar weniger schweißtreibend als sein Bruder aus Barathea.

Noch ein Wort zur Farbe: Bisher war hier wie selbstverständlich von Schwarz als der natürlichen Farbe für Ihren Smoking die Rede. Bestimmt haben Sie aber schon einmal von einem Farbton namens Mitternachtsblau gehört. Dieser zeichnet sich dadurch aus, dass er nur bei sehr greller Sonneneinstrahlung tatsächlich blau, in den meisten anderen Lichtverhältnissen aber und vor allem bei Kunstlicht schwärzer als echtes Schwarz wirkt – um diese Eigenschaft wussten angeblich bereits die Habsburger. Auch heute ist Mitternachtsblau eine gängige Farbe für den Smoking. Von der Stange ist ein solcher Abendanzug aber nach wie vor sehr schwer zu bekommen. Halten Sie sich also besser gar nicht erst mit der langwierigen Suche auf und verlassen Sie sich auf den schwarzen Smoking. Alles andere ist ein Fall für Liebhaber und Maßkunden.

Ein Anzug – viele Varianten

Dass heutzutage die allerwenigsten Männer mehr als einen Smoking besitzen, bedeutet nicht, dass Sie in Ihrem Smoking immer bis ins Detail gleich aussehen müssen. Auch wenn Uniformität beim Abendanzug grundsätzlich wünschenswert ist, bleibt in Details und Accessoires reichlich Raum für individuelle Selbstverwirklichung. Nachfolgend finden Sie einige Anregungen, wie Sie Ihren Smoking mit relativ geringem finanziellen Aufwand etwas auffrischen können. Tun Sie sich selbst den Gefallen und setzen Sie nicht alle davon gleichzeitig um, schließlich soll das Resultat nie gewollt anders oder gar dick aufgetragen aussehen.

Der einfachste und offensichtlichste Weg, einen Smoking abwechslungsreich zu gestalten, liegt in der Schleife – dem einzigen legitimen Binder zum Abendanzug. Üblicherweise besteht sie aus demselben Material wie die übrigen Seidenakzente des Smokings, also entweder aus Rips oder Satin. In den seltensten Fällen wird jedoch das Material absolut identisch sein – und das ist auch gar nicht nötig. Es genügt darauf zu achten, dass Farbton und Struktur weitgehend ähnlich sind. Wenn Sie mit der Abwechslung aber bei der Schleife beginnen wollen, bietet sich ein Modell aus Seidensamt an. Dieses kann entweder ebenfalls schwarz oder aber in einem dunklen Flaschengrün oder Burgunderrot gehalten sein. Baumwollsamt eignet sich weniger gut für eine Schleife, weil er zu fest ist, um sich für einen ganzen Abend zu einem haltbaren Knoten formen zu lassen. Die mit Sicherheit extravaganteste Variante einer Smokingschleife besteht aber aus Seidenmoiré. Dieses mittelstark glänzende Gewebe erkennen Sie an seinen changierenden augenförmigen Strukturen. Schleifen aus Moiré sind heutzutage nur noch schwer erhältlich. Wenn Ihnen also einmal ein Exemplar über den Weg läuft, greifen Sie zu! Und übrigens: Egal, wie sie konkret aussieht – eine gute Schleife ist ausnahmslos selbstgebunden. Der dafür notwendige

Knoten ist einfach zu erlernen und sollte ohnehin von jedem gut gekleideten Mann beherrscht werden. Sie tragen doch auch keine vorgebundenen Krawatten, oder?

Die Regel, dass ein eleganter Smoking sich ausschließlich aus schwarzen und weißen Elementen zusammensetzt, macht auch vor dem Einstecktuch nicht Halt. Dementsprechend besteht das Einstecktuch zum Smoking aus weißem Leinen und hat handrollierte oder hohlgesäumte Kanten. Das ist schon deswegen besonders praktisch, weil Sie ein solches Stück womöglich ja bereits im Kleiderschrank haben. Auf auffällige Faltungen sollten Sie verzichten, um den Blick des Betrachters nicht mit Nebensächlichkeiten aufzuhalten. Aus demselben Grund ist auch jede farbliche Abweichung vom gerade beschriebenen Szenario äußerst heikel. Falls es aber unbedingt Farbe sein muss, sollte sie sehr dunkel ausfallen. Dunkles Rot oder Kornblumenblau haben sich bereits bewährt. Generell gilt für das Einstecktuch zum Smoking jedoch ein striktes Musterverbot.

Der Kummerbund dient als Alternative zur Weste und entstammt der Kolonialzeit. Vermutlich wurde er der indischen Tracht entliehen und bekam seinen Namen vom *Kamarband*, einer Art Schärpe. An deren Form orientiert sich auch der heutige Kummerbund, den man stets an seinen Querfalten erkennt. Wie Sie bereits wissen, ist der Smoking immer ein dreiteiliger Anzug – wenn Sie also keine Weste dazu tragen, ist der Kummerbund obligatorisch. In seiner Entstehungszeit wurde er als luftigerer Westenersatz verstanden, doch heute weiß kaum jemand mehr um seine ursprüngliche Bedeutung, weswegen Sie ihn problemlos auch im Winter anziehen können. Ähnlich wie ein Gürtel wird er um die Taille getragen und verdeckt stets den Hosenbund. Auf der Rückseite verfügt er meist über ein breites Gummiband und eine Schließe aus Metall oder Perlmuttknöpfen. Hochwertige Exemplare sind mit Taschen ausgestattet, die in die oberste Querfalte eingearbeitet sind und in denen

Eintrittskarten und Kleingeld verstaut werden können. Da der Kummerbund etwas weniger formell als die Smokingweste ist, sollte er nicht zu Staatsempfängen oder auf Bällen getragen werden. Für jede andere Veranstaltung, zu der Sie Ihren Smoking ausführen, ist er aber gut geeignet und stellt eine erfrischende Alternative zur Weste dar.

Zum Smoking trägt Mann nicht einfach irgendein weißes Hemd, sondern ein spezielles Smokinghemd, wie es im Kapitel über das hellblaue Hemd bereits beschrieben wurde. Da der Preis für ein Hemd den eines Smokings deutlich unterschreitet, liegt es nahe, durch die Anschaffung mehrerer Smokinghemden den Abwechslungsreichtum seiner Abendgarderobe zu steigern. Wechseln Sie also beispielsweise ruhig zwischen zwei unterschiedlich breit gerüschten Smokinghemden hin und her und experimentieren Sie von Zeit zu Zeit auch mit einem Frackhemd. Letzteres wird aber auf keinen Fall mit einem Kummerbund kombiniert, weil die beiden in Sachen Formalität einfach zu weit auseinanderliegen, um zusammen stimmig auszusehen. Gleiches gilt für die Samtschleife: Der einzig legitime Kombinationspartner zum Frackhemd ist die Schleife aus Seidenrips oder -satin.

Der Smoking oder besser die mit ihm verbundenen Anlässe bieten die seltene Gelegenheit, heute noch ungestraft ein derart extravagantes Accessoire wie eine Boutonnière, also eine Knopflochblume, zu tragen. Machen Sie wenigstens einmal davon Gebrauch, wer weiß, wann Sie wieder die Möglichkeit dazu haben werden. Die Boutonnière ist ein geschichtlich höchst ambivalentes Symbol – zeitweise war sie Erkennungszeichen der Upper Class, dann wieder das des Revoluzzertums. Für das Hier und Heute bedeutet das: Fühlen Sie sich frei von geschichtlichem Ballast, tragen Sie die Knopflochblume einfach, wenn sie Ihnen gefällt. Ganz so simpel ist die Sache dann allerdings auch wieder nicht, schließlich muss erst eine geeignete Blüte gefunden werden. Von der Frage einmal abgesehen, wer denn heute überhaupt noch einzelne Blüten verkauft, eignet sich nicht jede Blume gleichermaßen für das Reversknopfloch des eleganten Mannes. Nelken aller Art gelten als ultimativer Klassiker, zum Smoking bieten sich vor allem weiße und rote Arten an. Etwas ausgefallener sind demgegenüber Klatschmohn, Margerite und Kornblume. Alle drei bleiben allerdings nicht so lange frisch wie die Nelke, weshalb sie für lange Ballnächte wohl weniger gut taugen. Revers, die für das Tragen mit einer Knopflochblume konzipiert sind, haben übrigens auf der Rückseite direkt unter dem Knopfloch eine Schlaufe aus Knopflochgarn, durch die der Blumenstiel geführt wird. Sollte Ihr Smoking nicht über eine solche Schlaufe verfügen, können Sie diese binnen weniger Minuten von einem Änderungsschneider anbringen lassen. Und falls Sie keine schwarzen Strümpfe zum Smoking tragen, können Sie Ihre Strümpfe farblich auf Ihre Boutonnière abstimmen.

Wo wir gerade dabei sind: Strümpfe, die man zum Smoking trägt, bestehen immer aus reiner Seide und sind klassischerweise in derselben Farbe gehalten wie der Anzug selbst. Machen Sie dabei nicht den Fehler, das Material vorschnell mit übermäßigem Glanz in Verbindung zu bringen. Gute Seidenstrümpfe unterscheiden sich auf den ersten Blick kaum von ihren Pendants aus Wolle, sind aber etwas feiner und harmonieren besser mit den seidenen Akzenten des Smokings. Zwei etwas weniger klassische Strumpfpaare stehen dem Smoking allerdings ebenfalls gut. Eines davon ist dunkelrot und greift idealerweise ein anderes Accessoire, also entweder das Einstecktuch oder die Boutonnière, auf. Noch extravaganter wird Ihre Smokingkombination durch schwarze Seidenstrümpfe mit weißen Punkten. Bei den besten dieser Strümpfe sind die Punkte ähnlich wie bei der Strickkrawatte von Hand aufgestickt. Leider sind gepunktete Smokingstrümpfe aber nur sehr selten erhältlich – in jedem Fall bereichern Sie mit ihnen Ihre Garderobe um ein originelles Detail.

Zu guter Letzt ist der Seidenschal eines der ultimativ-klassischen Smoking-Accessoires. In Filmen gerät er häufig zum Erkennungszeichen Nummer eins für den Abendanzug an sich. Tatsächlich ist er in freier Wildbahn kaum anzutreffen, was wohl nicht zuletzt seiner übertriebenen medialen Präsenz anzulasten ist. Sollten Sie sich dennoch dazu entscheiden, einen Seidenschal zum Smoking zu tragen, gilt es, die folgenden Regeln zu beachten. Der korrekte Schal zum Smoking ist entweder schwarz oder weiß und besteht aus Seidenrips, Satin oder Moiré. Er verfügt über kurze, ebenfalls seidene Fransen. Und wie jeder andere Schal auch ist er als Schutz gegen Kälte, Wind und Feuchtigkeit gedacht – das bedeutet, dass er in geschlossenen Räumen nichts zu suchen hat. Geben Sie ihn auf Veranstaltungen also am besten mit Ihrem Mantel und anderer Wetterkleidung an der Garderobe ab.

Die passenden Schuhe

Dass zum Smoking ausschließlich schwarze Schuhe getragen werden, ist weitgehend bekannt. Der Formalität des Anzugs entsprechend sollte es sich außerdem um Oxfords handeln, also Schuhe mit geschlossener Schnürung. Der perfekte Smokingschuh ist ein Plain Oxford aus schwarzem Kalbsleder. Er wird mit breiten, ebenfalls schwarzen Schnürsenkeln aus Seide geschlossen. Der gesamte Schaft ist mit einer Wasserglanzpolitur veredelt und läuft damit jedem Lackschuh spielend den Rang ab. Generell sollten Sie um Lackschuhe einen großen Bogen machen, denn deren Leder ist in der Regel mit einer dicken Schicht Kunststoff regelrecht versiegelt, was dem Fußklima – zumal auf tendenziell überheizten Veranstaltungen – nicht unbedingt zuträglich ist. Davon abgesehen sehen Lackschuhe auch so gut wie nie wirklich elegant aus. Falls Sie keine Plain Oxfords haben und für ein paar wenige Trageanlässe im Jahr auch keine anschaffen wollen, können Sie ersatzweise Ihre schwarzen Captoe Oxfords tragen; Sie sollten diese dann allerdings ebenfalls vollständig wasserpolieren. Schuhe mit weiteren Verzierungen oder gar *brogueings* scheiden selbstverständlich aus – sie sind allesamt zu sportlich, um sie zum Smoking kombinieren zu können.

Pflege

Da Sie Ihren Smoking mit an Sicherheit grenzender Wahrscheinlichkeit häufig auf Veranstaltungen tragen werden, die Sie zum Schwitzen bringen, kommt der Pflege des Anzugs nach dem Tragen besondere Bedeutung zu. Wie bei jedem Wollgewebe liegt der Schlüssel zur guten Pflege im kontrollierten Nichtstun. Das heißt: Machen Sie nur das Nötigste. Im Falle des Smokings fällt dieses Nötigste dann aber doch etwas langwieriger aus. In erster Linie sollte er etwa doppelt so lange gelüftet werden wie andere Anzüge, damit Temperatur und Feuchtigkeitsgehalt der Fasern sich wieder normalisieren und Knitter sich aushängen können. Anschließend wird der Anzug gründlich abgebürstet. Da die Hose vermutlich durch langes Sitzen etwas in Mitleidenschaft gezogen wurde, schadet ein kurzes und vorsichtiges Aufbügeln nicht, bevor Sie den Anzug wieder zurück in Ihren Kleiderschrank hängen. Wenngleich die chemische Reinigung auch für den Smoking Gift ist, sollte er aufgrund der besonderen Tragegewohnheiten etwa doppelt so häufig gereinigt werden wie ein gewöhnlicher Anzug, damit er stets tadellos aussieht.

Preise und Anlässe

Die Anlässe, einen Smoking zu tragen, werden heute immer weniger. Ein einziger Smoking ist also ausreichend und wird bei entsprechender Pflege auch sehr lange halten. Selbst wenn es also zunächst übertrieben scheinen mag, für eine Handvoll Anlässe pro Jahr einen eigenen Anzug zu kaufen, der sich dann nicht einmal anderweitig verwenden lässt, lohnt sich die Anschaffung langfristig. Allein das gute Gefühl, dank perfekter Passform und stilsicherer Kombination auch in Anlassgarderobe makellos auszusehen, sollte Ihnen die zusätzlichen Ausgaben wert sein. Die Qualitätsklassen und Einkaufspreise für einen Smoking unterscheiden sich übrigens nicht von denen eines gewöhnlichen Anzugs, wenngleich die nötigen Accessoires das gesamte Outfit nochmals etwas teurer machen. Viele davon sind allerdings einmalige Anschaffungen, die sich über die Jahre auszahlen.

Ein letztes Wort noch zur korrekten Tragezeit: Ihr Smoking sollte niemals das Tageslicht sehen. Was nach einer banalen Floskel klingt, ist in Wahrheit Dresscode und Etikette in einem. Die Regel besagt, dass Mann seinen Smoking einerseits erst nach Sonnenuntergang trägt, andererseits aber von dem Anlass, zu dem der Smoking erforderlich ist, auch vor Sonnenaufgang wieder zurückkehren sollte.

Nachwort

Herzlichen Glückwunsch! Wenn Sie bis hierher gelesen haben, wissen Sie im Prinzip alles Nötige, um eine Garderobe zusammenzustellen, die für jede Situation die passenden Stücke enthält – ganz unabhängig von bestimmten Moden und von Ihrem persönlichen Einkommen. Die Reise in Sachen Kleidung endet natürlich längst nicht an dieser Stelle. Der in diesem Buch vorgestellte Kanon gibt Ihnen jedoch das Werkzeug für einen eleganten Auftritt an die Hand. Denn egal, ob Sie zu den Modemuffeln oder zu den Kleidernarren gehören, ob Sie sich vorzugsweise klassisch oder avantgardistisch kleiden – keine Stilrichtung kommt ohne die hier beschriebenen Grundlagen aus, die so etwas wie der kleinste gemeinsame Nenner jeder Herrengarderobe sind.

Der Anfang ist also gemacht. Ausgehend von der Basisgarderobe, die Sie jetzt kennengelernt haben, dürfen, oder besser: sollen Sie nun nach Herzenslust mit neuen Kleidungsstücken experimentieren, sie nach und nach in Ihre Garderobe integrieren oder aber nach einiger Versuchszeit beschließen, sich doch wieder davon zu trennen. Eine gute Garderobe lebt davon, gepflegt, erweitert und kritisch überprüft zu werden. Ihr Reiz liegt wie auch der einer anspruchsvollen Kunstsammlung nicht im Ansammeln von schierer Masse, sondern im systematischen und überlegten Aufbau. Maßgeblich sollten dabei vorrangig Ihre eigenen Bedürfnisse sein, nicht etwa die Vorstellungen anderer oder vermeintliche gesellschaftliche Zwänge.

Sich gut zu kleiden, ist verhältnismäßig einfach und kann großen Spaß machen – wenn man weiß, wie man die Sache angehen muss. Dieses Buch konnte hoffentlich Ihr Interesse an stilsicherer Kleidung wecken. Was noch fehlt, um dieses Interesse aufrecht zu erhalten, können nur Sie selbst leisten: Bleiben Sie anspruchsvoll und neugierig!

Dank

Ich danke meiner Lektorin Stefanie Hölscher, die mir dabei geholfen hat, meinen sartorialen Traum gedruckte Wirklichkeit werden zu lassen.

Mein Dank gilt außerdem:
Ludwig Ebert-Esser für ein beherztes Wort,
Christiane und Isabella Zimmerl für einen wertvollen Schubs,
Monika und Friedrich Setzer für ein offenes Ohr,
Theresa Hardege für sprechende Bilder

sowie allen Schneidern, Weißnähern und Schuhmachern, die meine endlose Neugier mit Rat, Tat und Insiderwissen zu befriedigen wussten und mein Verständnis von Mode für immer verändert haben.

Literatur

Hardy Amies: Anzug und Gentleman. Von der feinen englischen Art, sich zu kleiden, Münster/Hamburg/London: Lit Verlag, 1997.

Umberto Angeloni (Hg.): The Boutonniere. Style in One's Lapel, New York: Universe, 2000.

Nicholas Antongiavanni: The Suit. A Machiavellian Approach to Men's Style, New York: Collins, 2006.

G. Bruce Boyer: Elegance. A Guide to Quality in Menswear, New York: WW Norton, 1985.

G. Bruce Boyer: Fred Astaire Style, New York: Assouline, 2004.

Simon Crompton: Le Snob – Tailoring, München: Süddeutsche Zeitung, 2011.

Hermann-Marten von Eelking: Garderoben-Gesetze. Die gesellschaftlichen Gelegenheiten und ihr Anzug, Berlin/Bielefeld/Heidelberg: Finckenstein und Salmuth, 2000.

Hermann-Marten von Eelking: Lexikon der Herrenmode, Göttingen: Musterschmidt, 1960.

Esquire Magazine (Hg.): The Handbook of Style. A Man's Guide to Looking Good, New York: Hearst Books, 2009 (dt.: Mann von Welt. Handbuch des sicheren Stils, Zürich: Kein & Aber, 2011).

Alan Flusser: Clothes and the Man. The Principles of Fine Men's Dress, New York: Villard, 1985.

Alan Flusser: Dressing the Man. Mastering the Art of Permanent Fashion, New York: It Books, 2002.

Alan Flusser: Making the Man. The Insider's Guide to Buying Men's Clothes, New York: Pocket Books, 1981.

Alan Flusser: Style and the Man. How and Where to Buy the Best Men's Clothes, New York: It Books, 1996/2010.

Gentleman-Blog, www.gentleman-blog.de.

Anthony Lipman: Der Dandy als Designer. Ernst Dryden. Plakatkünstler und Modeschöpfer, München/Luzern: C. J. Bucher, 1989.

The London Lounge, www.thelondonlounge.net.

Eric Musgrave: Sharp Suits, London: Pavilion, 2009.

Bernhard Roetzel: Der Gentleman. Handbuch der klassischen Herrenmode, Köln: Könemann, 2004/Königswinter: h.f.ullmann, 2009.

Bernhard Roetzel: Mode Guide für Männer, Potsdam: h.f.ullmann, 2012.

Rundschau für internationale Herrenmode und Schnittechnik.

James Sherwood: The London Cut. Savile Row Bespoke Tailoring, Venedig: Marsilio, 2008.

James Sherwood: Savile Row. The Master Tailors of British Bespoke, London: Thames & Hudson, 2010.

Josh Sims: Männer mit Stil. Ikonen der Herrenmode, Zürich: Midas, 2012.

Ruth Sprenger: Die hohe Kunst der Herrenkleidermacher. Tradition und Selbstverständnis eines Meisterhandwerks, Wien/Köln/Weimar: Böhlau, 2009.

Helge Sternke: Alles über Herrenschuhe, Berlin: Nicolai, 2011.

Stilmagazin, www.stilmagazin.com.

Nicholas Storey: History of Men's Accessories. A Short Guide for Men about Town, London: Pen & Sword, 2011.

Nicholas Storey: History of Men's Fashion. What the Well Dressed Man Is Wearing, London: Pen & Sword, 2008.

Styleforum, www.styleforum.net.

László Vass und Magda Molnár: Herrenschuhe handgearbeitet, Köln: Könemann, 1999.

Glossar

Armkugel: Oberer Teil eines Ärmels, der die Schulter einschließt.

Atlas: Spezieller feiner, glatter Twill.

Aufschlag: s. Umschlag.

Ballenlinie: Breiteste Stelle des Schuhs, in der der Fußballen Platz findet.

Barathea: Feines, twillähnliches Gewebe, meist aus Kammgarn.

Billetttasche: Kleinere Tasche oberhalb der eigentlichen Hüfttasche auf der rechten Seite des Sakkos.

Bindung: Grundwebart eines Stoffes.

Bootsschuhe: Mokassinähnliche Schnürschuhe mit weißer Gummisohle.

Briefecke: Diagonal verbundene Saumecke.

Brustleiste: s. Leistentasche.

Bundfutter: Innenseite des Hosenbundes, meist aus Baumwolle oder Viskose.

Bundverlängerung: Sich selbst überlappender Hosenbund mit Schließknopf über dem rechten Hosenbein.

Button-Down-Kragen: Hemdkragen, dessen Schenkel an den Spitzen auf die Hemdbrust geknöpft werden.

Clubblazer: Meist einreihiges, sportliches Sakko.

Crochet: s. Kassur.

Cutaway: Formellste Kombination der Tagesgarderobe, bestehend aus gestreifter Hose, cremefarbener Weste und langer, vorne offen geschnittener Jacke.

Derby: Schuh mit offener Schnürung.

Donegal: 1. Nördlichstes irisches County. 2. In Donegal (1) beheimatete Schafrasse.

Doppelte Paspel: Zwei Paspeln an den beiden Seiten des Schlitzes einer Tasche.

Doppelter Galon: Zwei parallele Streifen aus Seide entlang der Außennaht einer Frackhose.

Fallendes Revers: Revers, das oben mit einer geraden, nach außen abfallenden Kante abschließt.

Fischgrät: Schräggratgewebe mit wechselnder Richtung, das von Weitem streifig wirkt.

Flanell: Hochfloriges Gewebe, meist aus Schurwolle.

Flor: Fasern, die aus dem Gewebebild herausragen.

Four-in-Hand: Einfacher, universeller Krawattenknoten, der in vier Teilschritten gebunden wird.

Fresko: Knitterresistentes und kühlendes Gewebe in Leinwandbindung aus stark gedrehten Schurwollgarnen.

Galon: Streifen aus Seide entlang der Außennaht einer Smokinghose.

Gerade Bindung: s. Leinwandbindung.

Glencheck: Eigentlich Glen Urquhart Check; komplexes und in der Regel großes Karomuster aus schwarzen und weißen Garnen; mit farbigem Überkaro als Prince of Wales Check bekannt.

Grat: s. Bindung.

Gumtwill: Alte Färbe- und Drucktechnik für Krawattenseide mit rein natürlichen Pigmenten und Kautschuk.

Haikragen: Kragen, dessen Schenkel weiter als 90° gespreizt sind.

Halbfutter: Futter einer Jacke oder eines Mantels, das lediglich Schultern, Brust, Ärmel und oberen Rücken bedeckt.

Halsring: Teil des Sakkokragens, der Hals und Nacken umschließt.

Handgekettelt: s. Ketteln.

Hohlsaum: Saum, der mit einem Kett- oder Schussfaden des zu säumenden Gewebes vernäht ist.

Hopsack: Wollstoff aus hochverdrehten Fasern, trocken und rau im Griff; häufig für Blazer und Uniformen verwendet.

Kammgarn: Gekämmtes, also von kurzen Fasern befreites Garn.

Kassur: Naht zwischen Kragen und Revers beim Sakko.

Kentkragen: Kragen, dessen Schenkel 90° oder weniger gespreizt sind.

Kette: Garne, die im Webstuhl längs verlaufen.

Ketteln: Maschenweises Verbinden zweier Gestrickkanten.

Knopfmanschette: s. Sportmanschette.

Konfektion: Vorgefertigte Mode, die anders als bei der Maßanfertigung nach universellen Schnittmustern hergestellt wird.

Köperbindung: s. Schräggrat.

Kragenband: Teil des Hemdkragens, der direkt um den Hals herum verläuft und an dem die Kragenschenkel befestigt sind.

Kragenschenkel: Außen sichtbarer, umklappbarer Teil des Hemdkragens.

Krappseide: s. Gumtwill.

Kummerbund: Gürtelartiges Accessoire aus Seide, getragen zum Smoking.

Leibhöhe: Höhe der Stoffteile zwischen Hosenbein und -bund.

Leinwandbindung: Einfache, gerade Webart für verschiedene Stoffe.

Leistentasche: Schlitzförmige Tasche mit breitem, streifenförmigem Besatz am Eingriff.

Loafer: Schuh ohne Schnürung.

Machart: Sohlenkonstruktion eines Schuhs.

Madder Silk: s. Gumtwill.

Maßkonfektion: Mode in Teil- oder Kleinserienfertigung, hergestellt nach universellen Schnittmustern, die in einigen Punkten dem jeweiligen Kunden angepasst werden.

Nahtzugabe: Stoffüberschuss auf der innenliegenden Seite einer Naht; wichtig vor allem für Änderungen.

Nailhead: Gewebtes Muster mit kleinen, nahe beieinanderliegenden Punkten auf kontrastierendem Grund.

Navyblazer: Meist zweireihiges, sportliches Sakko mit Metallknöpfen.

Oxford: 1. Grober Hemdenstoff mit weißer Kette und farbigem Schuss. 2. Schuh mit geschlossener Schnürung.

Panama: Luftdurchlässige Webart in Leinwandbindung.

Paspel: Stoffwulst, die eine Kante verstärkt.

Paspeltasche: Schlitzförmige Tasche an Sakkos und Hosen, die durch eine oder zwei Stoffwülste verstärkt ist.

Passform: Art, wie ein Kleidungsstück an seinem Träger sitzt.

Patte: Stoffklappe, meist an einer Paspeltasche.

Pattentasche: Paspeltasche, die mit einer Klappe aus Stoff verschlossen werden kann.

Peitschenschnurcord: s. Whipcord.

Popeline: Glattes Gewebe in Leinwandbindung.

Punktstich: Nähtechnik, bei der man auf der Stoffoberseite das Garn als Punkte sieht.

Quetschfalte: Oben und unten eingefasste doppelte Längsfalte, beispielsweise auf einer Sakkotasche.

Raglanärmel: Ärmel, der nicht am Armloch endet, sondern die gesamte Schulter bis hin zum Halsausschnitt einschließt.

Raw Denim: Jeansstoff, der nicht vorgewaschen wurde.

Revers: Nach außen umgeklappte Teile der Vorderseite eines Sakkos.

Rips: Horizontale Variante des Twill.

Rückengürtel: Funktionaler oder rein dekorativer Stoffstreifen auf einem Jackenrücken, in der Regel zur Regulierung der Weite.

Sattel: 1. Aus zwei Schichten bestehendes Stoffstück am Rücken eines Hemdes zwischen Schulterlinie und Rumpf. 2. Stoffbahn, die Schulter, Brust und oberen Rücken des Trenchcoats oder Dufflecoats bedeckt.

Schalkragen: Revers ohne Kassur oder Kante.

Schlitztasche: s. Paspeltasche.

Schnürblatt: Lederschicht des Schuhs, in der sich die Schnürlöcher befinden.

Schräggrat: Schräge Bindung von Garnen.

Schubtasche: Vertikale oder schräge, nur von einer Seite zu benutzende Tasche im Oberstoff eines Kleidungsstücks.

Schulterpasse: s. Sattel.

Schuss: Garne, die im Webstuhl quer verlaufen.

Seitenspange: Weitenregulierung am Hosenbund, bestehend aus zwei kurzen Stoffriegeln und einer Metallschließe.

Sharkskin: Gewebtes Muster mit Punkten moderater Größe, das an die Oberfläche der Haut eines Haies erinnert (daher der Name).

Sperrweite: Abstand zwischen den Kragenschenkeln an der Oberseite des Kragenbandes.

Spiegel: Besatz eines Sakkorevers.

Spitalsfield: Nach einer ehemaligen Seidenhochburg benanntes feines Webmuster für Krawatten.

Spitzfasson: s. steigendes Revers.

Sportmanschette: Informelle Hemdmanschette, die mit einem oder mehreren angenähten Knöpfen verschlossen wird.

Stapel: Länge einer Faser.

Steigendes Revers: In einer Spitze gipfelndes Revers.

Streichgarn: Ungekämmtes Garn, das Fasern verschiedener Längen enthält.

Stresemann: Zweitformellste Kombination der Tagesgarderobe nach dem Cutaway; besteht aus gestreifter Hose, cremefarbener Weste und schwarzem Sakko.

Stulpe: s. Umschlag.

Tunnelbund: Hosenbund ohne Gürtelschlaufen, der in der Weite durch ein innen liegendes Gummiband und Knöpfe reguliert wird.

Tweed: Festes, sportliches Wollgewebe mit teilweise prägnantem Muster, typischerweise von den Äußeren Hebriden (Schottland).

Twill: Schräggratgewebe, erkennbar an seinen diagonalen Rippen.

Umschlag: Abschluss des Hosenbeins, bei dem der Saum mehrfach und von außen sichtbar gefaltet wird.

Umschlagmanschette: Formelle Hemdmanschette, die durch Falten halbiert und mit separat erhältlichen Manschettenknöpfen verschlossen wird.

Versäubern: Einfassen eines Saumes, in der Regel mithilfe eines Stoffbandes.

Walkfilz: Kamm- oder Streichgarngewebe, das nach dem Weben verfilzt (gewalkt) wird.

Webkante: Gesicherter Rand einer Stoffbahn.

Whipcord: Meist meliertes Schräggratgewebe, bei dem die Kette in der Regel aus Kammgarn und der Schuss aus Streichgarn besteht.

Zu den Illustrationen

Die Illustrationen in diesem Buch sind aus einem Wettbewerb hervorgegangen, den der Verlag C. H. Beck und die Deutsche Meisterschule für Mode Designschule München ausgerichtet haben. Etwa 40 Schülerinnen und Schüler reichten Arbeiten zum Wettbewerb ein. Gewinnerin war Theresa Hardege, Sonderpreise gingen an Christa Bichlmeier und Natascha Kreuzer. Der Verlag dankt der Schulleitung sowie den Dozentinnen und Dozenten, die das Projekt unter Leitung von Gabriele Nosswitz bis zur Abgabe der fertigen Illustrationen unterstützt haben.

Mode und Stil bei C.H.Beck

Jean-Claude Ellena
Parfum
Ein Führer durch die Welt der Düfte
Aus dem Französischen von Renate Heckendorf • 2012 •
173 Seiten mit 16 Abbildungen • Paperback • Beck'sche Reihe Band 6059

Alfons Kaiser, Susanne Kusicke (Hrsg.)
Poncho, Parka, Prada-Täschchen
Kleines Glossar der unentbehrlichen Kleidungsstücke
Mit Zeichnungen von Markus Winkler • 2006 • 208 Seiten mit
50 Illustrationen • Paperback • Beck'sche Reihe Band 1718

Ingrid Loschek
Modedesigner
Ein Lexikon von Armani bis Yamamoto
3., erweiterte Auflage. 2007 • 237 Seiten mit 84 Abbildungen •
Paperback • Beck'sche Reihe Band 1249

Stefanie Schütte
Die 101 wichtigsten Fragen:
Mode, Fashion, Haute Couture
2011 • 151 Seiten mit 30 Abbildungen und 8 Vignetten • Paperback •
Beck'sche Reihe Band 7029

Stefanie Schütte
Die großen Modedesignerinnen
Von Coco Chanel bis Miuccia Prada
2., aktualisierte Auflage. 2007 • 192 Seiten mit 30 Abbildungen •
Paperback • Beck'sche Reihe Band 1577

Essen und Trinken bei C.H.Beck

Hans Peter Althaus
Kleines Wörterbuch der Weinsprache
2008 • 192 Seiten • Paperback • Beck'sche Reihe Band 1878

Klaus E. Müller
Kleine Geschichte des Essens und Trinkens
Vom offenen Feuer zur Haute Cuisine
2009 • 175 Seiten mit 16 Abbildungen • Paperback •
Beck'sche Reihe Band 1893

Peter Peter
Cucina e Cultura
Kulturgeschichte der italienischen Küche
3., durchgesehene Auflage. 2012 • 184 Seiten mit 151 Abbildungen •
Halbleinen

Peter Peter
Kulturgeschichte der österreichischen Küche
2013 • 288 Seiten mit 190 Abbildungen • Halbleinen

Peter Rohrsen
Der Tee
Anbau, Sorten, Geschichte
2013 • 128 Seiten mit 10 Abbildungen • Paperback •
C.H.Beck Wissen in der Beck'schen Reihe Band 2790

Literatur bei C.H.Beck

David Foenkinos
Zum Glück Pauline
Roman
Aus dem Französischen von Christian Kolb • 2. Auflage. 2013 •
411 Seiten • Klappenbroschur

Manu Joseph
Das verbotene Glück der Anderen
Roman
Aus dem Englischen von Claudia Wenner • 2013 •
375 Seiten • Gebunden

Jonas Lüscher
Frühling der Barbaren
Novelle
4. Auflage. 2013 • 125 Seiten • Gebunden

Hans Pleschinski
Königsallee
Roman
3. Auflage. 2013 • 393 Seiten • Gebunden

Jochen Schmidt
Schneckenmühle
Langsame Runde
Roman
3. Auflage. 2013 • 220 Seiten • Gebunden